YVES LOISEAU
RÉGINE MÉRIEUX

EXERCICES DE GRAMMAIRE FRANÇAISE

CAHIER DÉBUTANT

COLLECTION DIRIGÉE PAR A. MONNERIE-GOARIN

Didier

« Le photocopillage, c'est l'usage abusif et collectif de la photocopie sans autorisation des auteurs et des éditeurs.
Largement répandu dans les établissements d'enseignement, le photocopillage menace l'avenir du livre, car il met en danger son équilibre économique. Il prive les auteurs d'une juste rémunération.
En dehors de l'usage privé du copiste, toute reproduction totale ou partielle de cet ouvrage est interdite. »

« La loi du 11 mars 1957 n'autorisant, au terme des alinéas 2 et 3 de l'article 41, d'une part, que les copies ou reproductions strictement réservées à l'usage privé du copiste et non destinées à une utilisation collective » et, d'autre part, que les analyses et les courtes citations dans un but d'exemple et d'illustration, « toute représentation ou reproduction intégrale, ou partielle, faite sans le consentement de l'auteur ou de ses ayants droit ou ayants cause, est illicite » (alinéa 1er de l'article 40) – « Cette représentation ou reproduction, par quelque procédé que ce soit, constituerait donc une contrefaçon sanctionnée par les articles 425 et suivants du Code pénal. »

© Les Éditions Didier, Paris, 1997   ISBN : 978-2-278-04586-0   Imprimé en France

AVANT-PROPOS

La collection *Point par point* a pour objectif d'apporter un complément aux méthodes lorsque la dynamique du livre ne permet pas un travail suffisamment approfondi de certains points de langue. Elle ne suit pas la progression des manuels de français mais propose une articulation cohérente de certains points de langue autour d'un schéma considéré comme traditionnel. Nous n'avons pas tenté, en effet, de reconstruire une grammaire autour des actes de parole, perspective qui, de notre point de vue, relève surtout d'une méthode, mais qui risque de brouiller la vision des faits de langue. En effet, un même acte de parole fait appel à des structures variées, de même qu'une même structure peut servir à différents actes de parole.

Nous avons donc préféré partir des formes pour servir le sens, un apprenant pouvant retrouver dans chacune des rubriques proposées des éléments qui apparaissent à des moments différents de la progression choisie par la méthode elle-même.

Par ailleurs, cette collection veut faciliter le travail de l'apprenant, en regroupant dans un livre commun l'explication et l'exercice. Trop facile dira-t-on, puisque l'apprenant a sous les yeux le problème... et sa solution. Mais l'objectif est plutôt ici de faire intégrer et maitriser le phénomène en expérimentant un problème qu'on n'arrive pas immédiatement à résoudre. Une explication fournie d'emblée est rarement assimilée. Un problème dont la solution est à trouver dans un autre livre décourage.

Et, même si dans la présentation des phénomènes, l'explication précède l'exercice, la pratique de l'exercice doit ici faire comprendre le phénomène.

Faut-il le rappeler, c'est dans leur expérience de classe que les auteurs ont puisé ces exercices, qu'ils ont su par ailleurs alimenter et éclairer d'une connaissance très fine du fonctionnement de la langue. C'est leur expérience également qui a permis de répartir les difficultés en trois niveaux de manière à répondre le mieux possible aux besoins des apprenants débutants, de niveau moyen, ou avancé.

Annie MONNERIE-GOARIN

Tout au long des trois ouvrages de cette collection, nous avons pris le parti d'appliquer les rectifications de l'orthographe française (journal officiel du 6 décembre 1990) dont nous proposons un résumé des principales formes en page 6.

Les auteurs

SOMMAIRE

LES RECTIFICATIONS DE L'ORTHOGRAPHE FRANÇAISE

• • • • • • • • • •

Graphies enregistrées par l'Académie française ou par les principaux dictionnaires, souvent à titre de variantes. L'Académie française enregistre et recommande les Rectifications, publiées au Journal officiel du 6 décembre 1990, en spécifiant : "Aucune des deux graphies ne peut être tenue pour fautive" (Dictionnaire de l'Académie, 9ᵉ édition, 1993). Les 25 mots les plus fréquents suivis d'une centaine de mots courants

---

Les 25 mots les plus fréquents

Références : Nina Catach, *Les Listes orthographiques de base du français* (LOB), Nathan, 1984 (90,51% des fréquences sur 500 000 occurences). Ces corrections (dont 22 circonflexes) sont pratiquement les seules à apparaître dans les textes courants et suffisent à leur donner "l'orthographe nouvelle". Les homophones (dû, fût, mûr, sûr) ne sont pas touchés.

abime (abimer)
accroitre
aout
apparaitre (et tous verbes en -aitre)
après-midi, des après-midis (pluriels réguliers)
assoir (et rassoir, sursoir...)
boite (emboiter...)
bruler
céder, cèderai (et verbes du même type)
chaine (enchainer...)
charriot (comme charrette)
cout (couter...)

croute (encrouter...)
diner
évènement (abrègement...)
flute (flutiste)
frais, fraiche (fraicheur...)
gout (gouter, ragout...)
ile (et presqu'ile)
maitre, esse (maitrise...)
mure, n. et adj.féminins
sure (surement, sureté...)
trainer (entrainer...)
traitre (traitrise...)

---

abat-jour, des abat-jours
abréger, -ègera, -ègement (série)
absout, absoute (et dissout, oute)
aigu, üe (cigüe...)
accéder, accède, accèdera
acuponcteur, trice
aéroclub
agenda, des agendas
alléger, -ègera, -ègement
allégro, des allégros
allo
ambigüité (contigüité...)
arcboutant (et arcbouter)
assèchement
barman, des barmans
bassecour, des bassecours
béqueter
bizut (comme bizuter, bizutage)
bouiboui, des bouibouis
boursoufler (comme souffler)
box, des box
buche (embuche...)
cachecache (à)
cahutte (comme hutte)
cannelloni, des cannellonis
casse-croute, des casse-croutes
chaussetrappe (comme trappe)
clochepied (à)
combatif, ive, -ivité
confetti, des confettis
connaitre (et tous verbes en -aitre)
contrecoeur (à)
corole (barcarole, guibole...)

coupecoupe, des coupecoupes
crèmerie
crincrin, des crincrins
croquemitaine
déciller (comme cil)
dentelière (et prunelier)
douçâtre
empiéter, -iètera, -ièction
encognure
entredeux (s'entraimer...)
espionite (réunionite...)
essuie-main, des essuie-mains
et cetera
exéma (comme examen)
extrafort (extrafin...)
fayoter (marmoter...)
golden, des goldens
grigri, des grigris
imbécilité (comme imbécile)
interpeler, -pèle, pèlera
joailler, ère (quincailler, ère...)
levreau (lapereau)
lunetier, etière
média, des médias
mémento, des mémentos
mémorandum, mémorandums
millefeuille, des millefeuilles
millepatte, des millepattes
minimum, des minimums
naitre (renaitre...)
nénufar (mot arabe-persan)
ognon (ign archaisme pour gn)
ouvre-boite, des ouvre-boites

pagaille
persiffler (comme siffler)
piquenique (piqueniquer...)
plait (déplait...)
plateforme
presse-citron, des presse-citrons
pullover, des pullovers
ravioli, des raviolis
référendum, des référendums
règlement (règlementer...)
relai (-relayer, balai, délai...)
renouveler, -èle, -èlement
révolver
saccarine (et dérivés)
sagefemme, des sagefemmes
sandwich, des sandwichs
sécher, sècher, sècheresse
serpillère
solo, des solos
sottie (comme sottise)
soul, soule (soulerie...)
superman, des supermans
taille-crayon, des taille-crayons
tamtam, des tamtams
teeshirt, des teeshirts
terreplein, des terrepleins
tirebouchon (tirebouchonner...)
tournedos
traitre (traitrise...)
vadémécum, -mécums
ventail (comme vent)
voute (envouter...)
weekend

ASSOCIATION AIROE : association pour l'information et la recherche sur les orthographes et systèmes d'écriture
4 passage Imberdis - 94700 Maisons-Alfort - tél : 01 49 60 41 64

LES

·····

PRÉSENTATIFS

voici, voilà, il y a, c'est, ce sont

Voilà votre thé.

Il y a un problème.

• Certaines phrases sont construites avec les « présentatifs » (ils présentent un élément) :

voilà, voici, il y a, c'est, ce sont.

• Ces phrases n'ont pas la structure de base : sujet + verbe :

Voilà votre thé. **Voilà** vos clés.

Voici ma maison. **Voici** les documents.

Il **y a** un problème. Il **y a** des erreurs. Il **n'y a pas** de vent.

C'est un gâteau à la banane. **Ce sont** des touristes belges. **Ce n'est pas** un très bon film.

Attention : **voilà** et **voici** ne sont jamais utilisés à la forme négative.

• •

Exercice 1

Formez des phrases avec les éléments donnés :

◆ Exemple : ami / Voici / allemand / mon ⇨ **Voici** mon ami allemand.

1. du / frigo / dans / Il y a / jus de pomme / le ⇨ *Il y a du jus de pomme dans le frigo*
2. les / garage / Voilà / clés / du ⇨ *Voilà les clés du garage*
3. livre / un / espagnol / C'est ⇨ *C'est un livre espagnol*
4. étudiants / Ce sont / étrangers / des ⇨ *Ce sont*
5. du / l'adresse / Voici / restaurant ⇨ *Voici l'adresse du Restaurant*
6. des / soupe / dans / Il y a / la / mouches ⇨ *Il y a des mouches dans la soup*
7. très / film / un / C'est / bon ⇨ *C'est un très bon film*
8. Maroc / des / Ce sont / oranges / du ⇨ *Ce sont des oranges du Maroc*

Exercice 2

Complétez avec c'est ou ce sont :

◆ Exemple : **Ce sont** des touristes britanniques.

1. *A* la sœur de Pierre.
2. *B* des timbres de collection.
3. *A* les journaux d'hier.
4. *A* un cadeau de mariage.
5. *B* les enfants d'Élisabeth.
6. .... de très bons amis.
7. .... une carte de téléphone.
8. .... une réunion très importante.

Exercice 3

Transformez les phrases comme dans l'exemple :

◆ Exemple : Voilà la directrice. ⇨ **C'est** la directrice.

1. Voici Maryline, la femme d'Hector. ⇨ ....

2. Voici mes enfants. ⇨ ....

3. Voici l'adresse de Jacques. ⇨ *C'est l'adresse de Jacques*

4. Voilà les clés de l'appartement. ⇨ ....

5. Voici Nathalie, votre guide. ⇨ ....

6. Voilà la solution du problème. ⇨ ....

7. Voilà mes grands-parents. ⇨ ....

8. Voici votre chambre. ⇨ ....

Exercice 4

Répondez aux questions comme dans l'exemple :

◆ Exemple : Qu'est-ce qu'il y a sur la table ? (un livre) ⇨ **Il y a** un livre sur la table.

1. Qu'est-ce qu'il y a dans la cuisine ? (une souris) ⇨ *Il y une souris dans la cuisine*

2. Qu'est-ce qu'il y a dans le livre ? (une photo) ⇨ *Il y a une photo dans le livre*

3. Qu'est-ce qu'il y a sous la table ? (un chien) ⇨ *Il y a un chien sous la table*

4. Qu'est-ce qu'il y a dans la rue ? (des voitures) ⇨ *Il y a des voitures dans la rue*

5. Qu'est-ce qu'il y a sur l'étagère ? (un téléphone) ⇨ *Il ya un téléphone s l'étagère*

6. Qu'est-ce qu'il y a dans la boite ? (un cadeau) ⇨ *Il ya un cadeux dans la boîte*

7. Qu'est-ce qu'il y a devant la porte ? (des fleurs) ⇨ *Il ya des fleurs devant la port*

8. Qu'est-ce qu'il y a dans la boite aux lettres ? (deux cartes postales) ⇨ *Il y a deux cartes postales dans la boîte*

Exercice 5

Mettez les phrases à la forme négative :

◆ Exemples : C'est une photo de la tour Eiffel. ⇨ **Ce n'est pas** une photo de la tour Eiffel.

Il y a un problème. ⇨ **Il n'y a pas** de problème.

1. Il y a des tomates au menu. ⇨ *Il n'ya pas des tomates*

2. C'est une très bonne voiture. ⇨ *Ce n'est pas une très bonne voiture*

3. Ce sont des fraises françaises. ⇨ *Ce ne sont pas des fraises françaises*

4. C'est une très jolie photo. ⇨ *Ce n'est pas une très jolie photo*

5. Il y a des fautes dans ta lettre. ⇨ *Il n'ya pas des fautes dans ta lettre*

6. Il y a un chat sur le toit. ⇨ *Il n'ya pas un chat sur le toit*

7. Ce sont des disques de jazz. ⇨ *Ce ne sont pas des disques de jazz*

8. Il y a des nouvelles, ce matin ? ⇨ *Il n'ya pas des nouvelles, ce matin*

LE
.....
NOM

Le nom : masculin et féminin

un ami - une ami**e**

un chat - une chat**te**

Les noms animés (personnes et animaux)

• Le plus souvent, on ajoute un **e** au masculin :

masculin	féminin
un ami	une amie
un étudiant	une étudiante
un marchand	une marchande
un Français	une Française

• La plupart des noms masculins terminés par un **e** ne changent pas :

masculin	féminin
un élève	une élève
un concierge	une concierge
un dentiste	une dentiste

• On modifie la fin de certains mots :

	masculin	féminin
-er ⇨ -ère	un boulanger	une boulangère
-(i)en ⇨ -(i)enne	un Italien	une Italienne
-e ⇨ -esse	un prince	une princesse
	un tigre	une tigresse
-eur ⇨ -euse	un acheteur	une acheteuse
	un danseur	une danseuse
-teur ⇨ -trice	un directeur	une directrice
	un acteur	une actrice

Attention : certains noms en **-eur** n'ont pas de féminin :

ingénieur	⇨	✗
professeur	⇨	✗
chauffeur	⇨	✗
...		

Exercice 1

Trouvez le féminin des noms suivants :

◆ Exemples : un étranger ⇨ une étrang**ère**

un voisin ⇨ une voisin**e**

1. un client ⇨ une ....*cliente*........ 6. un ouvrier ⇨ une ...*ouvriere*.......
2. un commerçant ⇨ une *commerçante* 7. un employé ⇨ une ...*employé*.......
3. un libraire ⇨ une ...*libraire*...... 8. un technicien ⇨ une ...*techniciene*...
4. un épicier ⇨ une ...*épicière*...... 9. un écolier ⇨ une ...*écolière*......
5. un lapin ⇨ une ...*lapine*........ 10. un pharmacien ⇨ une ..*pharmaciene*..

Exercice 2

Même exercice :

1. un passager ⇨ une ...*passagère*...... 6. un gagnant ⇨ une ....
2. un pâtissier ⇨ une ...*pâtissière*.... 7. un électricien ⇨ une ....
3. un patient ⇨ une ....*patiente*...... 8. un ami ⇨ une ....
4. un propriétaire ⇨ une *propriétaire*.. 9. un musicien ⇨ une ....
5. un bijoutier ⇨ une .... 10. un architecte ⇨ une ....

Exercice 3

Trouvez le masculin des noms suivants :

◆ Exemples : une travailleuse ⇨ un travaill**eur**

une charcutière ⇨ un charcut**ier**

1. une coiffeuse ⇨ un .... 6. une lionne ⇨ un ....
2. une lectrice ⇨ un .... 7. une spectatrice ⇨ un ....
3. une chanteuse ⇨ un .... 8. une boulangère ⇨ un ....
4. une chatte ⇨ un .... 9. une cousine ⇨ un ....
5. une navigatrice ⇨ un .... 10. une maitresse ⇨ un ....

Exercice 4

Même exercice :

1. une infirmière ⇨ un .... 6. une ânesse ⇨ un ....
2. une voleuse ⇨ un .... 7. une masseuse ⇨ un ....
3. une traductrice ⇨ un .... 8. une conductrice ⇨ un ....
4. une secrétaire ⇨ un .... 9. une fermière ⇨ un ....
5. une chienne ⇨ un .... 10. une voyageuse ⇨ un ....

Exercice 5

Comment s'appellent les habitants de ces pays ? Complétez le tableau :

l'Italie	un Italien	**une Italienne**
le Portugal	**un Portugais**	une Portugaise
la Chine	un Chinois	
la Pologne	un Polonais	
la Russie		une Russe
l'Allemagne	un Allemand	
le Japon		une Japonaise
le Panamá		une Panaméenne
les Philippines	un Philippin	
la Belgique	un Belge	
le Maroc		une Marocaine
la Bolivie	un Bolivien	
le Tchad		une Tchadienne
la Suède		une Suédoise

Exercice 6

Classez les noms suivants dans le tableau :

dentiste	vendeur	directrice	professeur	maitresse
boucher	secrétaire	chat	chienne	Danois
cousine	employée	coiffeur	Brésilienne	photographe

un	une	un / une
chat	**directrice**	**photographe**

● ● ● ● ● ● ● ● ● ● ● ●

Le nom : masculin et féminin

le réfrigérat**eur**

la cass**ette**

Les noms non animés

• La terminaison du nom non animé peut parfois indiquer si le nom est masculin ou féminin :

sont féminins	sont masculins
les noms en -**ie** ⇨ la bougie,...	les noms de machine en -**eur** ⇨ le répondeur
les noms en -**ue** ⇨ la bienvenue,...	les noms en -**isme** ⇨ le communisme,...
les noms en -**esse** ⇨ la tendresse,...	les noms en -**ment** ⇨ le changement,...
les noms en -**ette** ⇨ la cassette, ...	les noms en -**er** [e] ⇨ le cahier,...
(sauf *squelette*)	les noms en -**et** ⇨ le paquet,...
les noms en -**ence** ⇨ la science,...	les noms en -**al** ⇨ le cheval,...
les noms en -**ance** ⇨ la chance,...	
les noms en -**euse** ⇨ la photocopieuse,...	
les noms en -**tion** ⇨ la question,...	
les noms en -**sion** ⇨ la discussion,...	
et d'autres...	

• Les pays :

Les noms de pays terminés par un e sont féminins		Les noms de pays qui ne se terminent pas par un e sont masculins	
– la France	– la Corée	– le Portugal	– l'Afghanistan
– l'Algérie	...	– le Canada	– le Chili
sauf :		...	
– le Cambodge	– le Zaïre		
– le Mexique	– le Zimbabwe		
– le Mozambique			

•●•

Exercice 1

Indiquez si les mots sont masculins ou féminins :

◆ Exemples : pharmacie   **F**   cahier   **M**

1. avenue ☐   **4.** perceuse ☐   **7.** baguette ☐   **10.** baladeur ☐

2. alphabet ☐   **5.** déjeuner ☐   **8.** question ☐   **11.** librairie ☐

3. journal ☐   **6.** Brésil ☐   **9.** bâtiment ☐   **12.** différence ☐

Exercice 2

Même exercice :

1. ordinateur ☐
2. bouquet ☐
3. Japon ☐

4. explication ☐
5. Argentine ☐
6. supplément ☐

7. confiance ☐
8. absence ☐
9. disquette ☐

10. hôpital ☐
11. biologie ☐
12. racisme ☐

Exercice 3

Complétez le tableau avec les mots suivants :

agrafeuse   aspirateur   cendrier   émission

Guinée   journalisme   Mexique   monnaie

Nicaragua   projet   raquette   richesse

solution   tolérance   urgence   vêtement

masculin	féminin
aspirateur	agrafeuse
....	....
....	....
....	....
....	....
....	....
....	....
....	....
....	....
....	....

Exercice 4

Selon le genre, rayez le mot qui n'appartient pas à la liste :

◆ Exemples : *alliance - passion - joie - ~~sujet~~* (*sujet* est masculin)

réfrigérateur - ~~différence~~ - diner - aliment (*différence* est féminin)

1. Tchad - Norvège - Zaïre - Équateur
2. éducation - nuance - joie - remerciement
3. capitalisme - faiblesse - perceuse - imagination
4. craie - pharmacie - sujet - dimension
5. fourchette - signal - paiement - cahier
6. agrafeuse - cassette - tradition - télécopieur
7. excursion - canal - croissance - caresse
8. déménagement - carnaval - roue - tabouret

Le nom : singulier et pluriel

une école - des écol**es**

un bureau - des bureau**x**

• Pour marquer le pluriel, on ajoute un **s** à la fin du mot :

singulier	pluriel
un livre	des livres
un étudiant	des étudiants

• On ajoute un **x** :

- aux mots terminés par **-au**, **-eau**, **-eu** (*) :

singulier	pluriel
un tuyau	des tuyaux
un tableau	des tableaux
un cheveu	des cheveux

(*) sauf : un pneu ⇨ des pneus

- à sept mots en -ou : **bijou, caillou, chou, genou, hibou, joujou, pou** :

un chou   ⇨ des choux

- à la fin de certains mots dont la terminaison en **-al** ou **-ail** change :

un cheval   ⇨ des chev**aux**

un trav**ail**   ⇨ des trav**aux**

• Les noms terminés par **-s**, **-z**, **-x** ne changent pas :

un pays   ⇨ des pays

un gaz   ⇨ des gaz

une voix   ⇨ des voix

• Certains mots ont un pluriel irrégulier :

Monsieur !   ⇨ Messieurs !   Mademoiselle !   ⇨ Mesdemoiselles !

Madame !   ⇨ Mesdames !   un œil   ⇨ des yeux

• •

Exercice 1

Quel est le pluriel de ces mots ?

◆ Exemples :   un passeport   ⇨ *des passeports*

                          un chapeau   ⇨ *des chapeaux*

1. une montre   ⇨ des ....   3. un nez   ⇨ des ....

2. un adieu   ⇨ des ....   4. un cheval   ⇨ des ....

16

5. un étudiant	⇨ des		9. un animal	⇨ des............................
6. un bijou	⇨ des		10. un gâteau	⇨ des............................
7. un doigt	⇨ des		11. une fille	⇨ des............................
8. un cours	⇨ des		12. un monsieur	⇨ des............................

Exercice 2

Selon le pluriel, rayez le mot qui n'appartient pas à la liste :

◆ Exemples :   une lampe - ~~un rideau~~ - une table - un stylo (rideau s'écrit avec un **x** au pluriel)

un bureau - un pou - ~~un pneu~~ - un cheveu (pneu s'écrit avec un **s** au pluriel)

1. un fax - un roman - une heure - une directrice

2. un repos - une croix - un nez - une cassette

3. un jeu - un bureau - un stylo - un couteau

4. un monsieur - un boulanger - un ordinateur - une université

5. un bureau - un bateau - un cheval - un chapeau

6. une noix - un dos - un bras - un rideau

7. un œil - une pomme - un professeur - un livre

8. une lettre - une statue - un cadeau - une chaussure

9. un neveu - un chou - un caillou - un sou

10. un oiseau - un téléphone - une télévision - un pantalon

Exercice 3

Écrivez les mots entre parenthèses au pluriel :

◆ Exemple : Guillaume mange encore des (gâteau) gâteaux.

1. Lisez les (phrase) ...., s'il vous plait.

2. Je voudrais des (bijou) .... pour mon anniversaire.

3. Donnez-moi les (fax) .... s'il vous plait.

4. J'aime beaucoup les (château) .... de la Loire.

5. Bonjour, (mademoiselle) ....

6. Élisabeth regarde tous les (jeu) .... à la télévision.

7. Elle a deux (disque) .... de Céline Dion.

8. J'ai mal aux (œil) ....

9. Vous avez les (journal) .... d'aujourd'hui.

10. Il y a quinze (pays) .... dans l'Union Européenne.

11. Mettez les (œuf) .... dans les (boite) ....

12. Les (Français) .... aiment beaucoup les (animal) ....

de, d', du, de la ,de l', des
dans le complément du nom
un employé **de** bureau
un employé **du** bureau 505

• Sans article, le complément permet de déterminer un type, une sorte :

    un chauffeur de taxi est un type de chauffeur

    une salle de bains est un type de salle.

• Avec un article, le complément et le nom peuvent être considérés indépendamment l'un de l'autre :

    le chauffeur **du** taxi   ⇨ il est question d'un taxi en particulier (celui que j'ai pris) et du chauffeur de ce taxi.

    la salle **de la** réunion   ⇨ il est question d'une réunion précise (celle que nous aurons avec le directeur) et de la salle où a lieu cette réunion...

Attention : l'histoire de la Russie, l'histoire du Guatémala, la géographie du Brésil, la géographie de la France, etc. mais : l'histoire de France.

•••

Exercice 1

Un peu de culture : reliez les villes, régions ou pays et leur spécialité :

la moutarde	Dijon	
les escargots	la Bourgogne	
le camembert	la Normandie	*le camembert **de** Normandie*
les oranges	le Maroc	
le nougat	Montélimard	
la saucisse	Francfort	
le vin	l'Anjou	
le thé	la Chine	
les champignons	Paris	
les choux-fleurs	la Bretagne	

Exercice 2

Transformez comme dans les exemples :

◆ Exemples : J'ai pris **un taxi**. **Le chauffeur** du taxi était très aimable.

        ⇨ Le **chauffeur du taxi** était très aimable.

        Je suis allé voir **la voisine**. J'ai pris **son aspirateur**.   ⇨ J'ai pris l'**aspirateur de la voisine.**

1. Je vais ouvrir la porte. Je cherche la clé.   ⇨ ....

2. Il veut joindre Serge Raléone. Il veut son numéro de téléphone.   ⇨ ....

3. Tu ne retournes pas dans <u>les toilettes</u> ? Ferme <u>la porte</u>. ⇨ ....

4. Je cherche le <u>professeur Volté</u>. Je rapporte <u>son livre.</u> ⇨ ....

5. Il devait résoudre <u>un problème</u>. Il n'a pas trouvé <u>la solution</u>. ⇨ ....

6. Je ne sais pas où est <u>l'Institut français</u>. Comment s'appelle <u>la rue</u> ? ⇨ ....

7. Voilà <u>les mariés</u>. Mais où est <u>la voiture</u> ? ⇨ ....

8. Prenez <u>votre carte bancaire</u>. Quel est <u>le numéro</u> ? ⇨ ....

9. Voilà <u>le directeur</u>. Voici <u>sa femme</u>. ⇨ ....

Exercice 3

*Complétez avec **de, du, de l', de la** ou **des** :*

◆ Exemple : Ma femme a perdu son billet **d'**avion le jour de son départ pour Guadalajara.

1. J'ai rencontré Florence, par hasard, dans une agence de location .... voitures.

2. Je vais m'occuper de la location .... voiture pour le weekend prochain.

3. Le chien a mangé un morceau .... gâteau que j'avais fait pour mes amis.

4. Vous n'aurez pas envie de prendre un petit thé avec un morceau .... gâteau ?

5. Je ne savais pas où était l'université, alors j'ai demandé à un chauffeur .... taxi.

6. Je suis venu en taxi et le chauffeur .... taxi a eu la gentillesse de porter mes cinq valises jusqu'à la porte .... maison.

7. L'entrée du musée est gratuite si vous avez une carte .... étudiant.

8. L'histoire .... Colombie commence bien avant la conquête espagnole.

9. Si tu achètes du café, achète du café .... Colombie.

10. J'ai acheté un fromage .... chèvre au marché.

11. Le petit .... chèvre s'appelle le chevreau.

12. Ouagadougou est la capitale .... Burkina Faso et Reykjavik, la capitale .... Islande.

Exercice 4

Même exercice :

1. Dans les années 80, Platini était un grand joueur .... football.

2. Les règles .... football sont assez simples.

3. J'ai posé les sacs sur la table .... cuisine.

4. Notre magasin Meubléa vous offre 25 % de réduction sur toutes les tables .... salon.

5. Vous connaissez l'histoire .... grenouille qui voulait être aussi grosse qu'un bœuf ?

6. *Roméo et Juliette* est sans doute la plus belle de toutes les histoires .... amour.

7. Nous avons de nouvelles informations sur les évènements qui ont eu lieu hier à Marseille. Il s'agirait d'une affaire .... terrorisme.

8. Pour des raisons avant tout humanitaires, l'ONU a décidé d'intervenir dans les affaires .... Guatemala.

9. Pendant nos vacances, nous avons passé une journée en pleine mer sur un bateau .... pêche. C'était fabuleux !

10. Un bateau .... compagnie Mergitur s'est échoué ce matin sur une plage près de Nice.

LES
DÉTERMINANTS

un, une, des
Le TGV est **un** train à grande vitesse.
L'article indéfini

• L'article indéfini désigne un objet ou une personne dont on n'a pas encore parlé.

> Il faut acheter **un** billet de train (on n'a pas encore vu le billet).

> Il y a **des** livres sur le bureau de Pierre (on ne sait pas quels livres exactement).

• Un / une sont utilisés pour exprimer l'unité (par opposition à deux, trois...)

> J'ai une voiture et deux bicyclettes (une seule, pas deux, trois, quatre).

	masculin	féminin
singulier	**un**	**une**
	un homme	une femme

	masculin	féminin
pluriel	**des**	
	des hommes / des femmes	

Exercice 1

Mettez l'article indéfini qui convient :

1. .... étudiante
2. .... école
3. .... universités
4. .... livres
5. .... stylo
6. .... professeurs
7. .... étudiant
8. .... tableau
9. .... chaises
10. .... bureau
11. .... table
12. .... salle de classe

Exercice 2

a) Mettez au pluriel :

◆ Exemple : une voiture ⇨ **des** voitures

1. une personne ⇨ ....
2. un homme ⇨ ....
3. une femme ⇨ ....
4. un bébé ⇨ ....
5. un garçon et une fille ⇨ ....

b) Mettez au singulier :

Exemple : des arbres ⇨ **un** arbre.

1. des continents ⇨ ....
2. des pays ⇨ ....
3. des villes ⇨ ....
4. des villages ⇨ ....
5. des rues et des monuments ⇨ ....

Exercice 3

Complétez avec l'article indéfini qui convient :

1. J'envoie .... lettre à mon ami de Paris.

2. Il achète toujours .... cartes postales quand il visite .... ville ou .... pays.

3. J'ai une. amie allemande qui s'appelle Ira.

4. Aujourd'hui, elle porte .... pantalon rouge, ... veste noire et .... chaussures vernies.

5. Je dois acheter .... stylo pour faire .... exercices de grammaire !

6. Cette maison a .... grand jardin, ... garage et .... pièces très grandes et claires.

le, la, les

Les spectateurs attendent le concert impatiemment.

L'article défini

• L'article défini désigne un objet ou une personne en particulier.

> **Le** bébé de Marie s'appelle Anna. (Ce n'est pas un bébé inconnu, c'est le bébé de Marie)

• Il exprime également une notion générale.

> J'aime **le** vin. (le vin en général, rouge, blanc, rosé...)
>
> **Le** jazz, c'est bien, mais je préfère **le** rock.

	masculin	féminin
singulier	**le - l'**(*) le garçon - l'homme	**la - l'**(*) la vie - l'école
pluriel	**les** les garçons - les hommes - les vies - les écoles	

(*) **l'** se place devant un nom commençant par une voyelle ou un /h/ muet.

• •

Exercice 1

Mettez l'article défini qui convient :

1. .... ciel   4. .... vent   7. .... neige   10. .... forêt

2. .... soleil   5. .... orages   8. .... ile   11. .... montagne

3. .... mer   6. .... pluie   9. .... plage   12. .... volcan

Exercice 2

Transformez selon l'exemple :

◆ Exemples : un magasin   ⇨ **le** magasin

         une rue   ⇨ **la** rue

1. une avenue   ⇨ ....   7. une route   ⇨ ....

2. un boulevard   ⇨ ....   8. des trottoirs   ⇨ ....

3. des places   ⇨ ....   9. des restaurants   ⇨ ....

4. un parc   ⇨ ....   10. une église   ⇨ ....

5. des monuments   ⇨ ....   11. un musée   ⇨ ....

6. une architecture   ⇨ ....   12. un quartier piétonnier   ⇨ ....

Exercice 3

Mettez au singulier :

◆ Exemple : les films ⇨ **le** film

1. les fleurs ⇨ ....

6. les animaux ⇨ ....

2. les plantes ⇨ ....

7. les insectes ⇨ ....

3. les arbres ⇨ ....

8. les mouches ⇨ ....

4. les fruits ⇨ ....

9. les guêpes ⇨ ....

5. les légumes ⇨ ....

10. les moustiques ⇨ ....

Exercice 4

Complétez avec l'article défini qui convient :

1. .... maison de mes parents est très grande.

2. .... autobus numéro 7 passe dans .... rue Lamartine.

3. Mon amie Catherine habite juste en face de .... école.

4. .... livres de .... bibliothèque sont assez vieux.

5. Ensuite, ajoutez .... sucre, ... farine, ... œufs et .... citron puis mélangez.

6. .... vacances arrivent. Enfin, ... temps est beau, ... soleil brille et .... température est agréable.

7. .... déjeuner est prêt : .... assiettes et .... verres sont sur la table, ... salade au réfrigérateur et ....
viande et .... pommes de terre dans le four.

8. À .... université où ma fille est inscrite, ... examens sont longs et difficiles.

Exercice 5

Même exercice :

1. .... deux filles de Cathy et Patrick adorent .... musique.

2. .... hôtesse salue gentiment .... passagers qui montent dans .... avion.

3. Tu as soif ? Sers-toi : .... eau est sur .... table et .... coca-cola est au frigo.

4. Agathe n'aime pas beaucoup .... viande ; elle préfère .... poisson et .... œufs.

5. Ce soir, je vais voir .... dernier film de Luc Beson ; j'adore tous .... films de Luc Besson.

6. .... soleil a disparu et .... orage menace.

7. .... plage n'est pas loin : après .... rue des oliviers, c'est tout droit.

8. Regarde .... beau pantalon ; j'adore .... couleur, pas toi ?

un / le - une / la - des / les
Tu veux **le** gâteau au chocolat ou tu préfères **une** tarte ?
Indéfini ou défini ?

Exercice 1

Modifiez l'article comme dans les exemples :

◆ Exemples : Elle a **une** belle voiture rouge.   ⇨ **La** voiture de Marie-Claire est rouge.
            Le journal est sur la table du bar.   ⇨ Il y a **un** journal sur la table du bar.

1. <u>Le</u> poisson rouge de la petite Julia s'appelle Bullette.   ⇨ Julia a .... poisson rouge.

2. Nous allons écouter <u>un</u> disque des Beatles.   ⇨ C'est .... disque des Beatles que je préfère.

3. Marie a <u>une</u> nouvelle adresse.   ⇨ .... adresse de Marie a changé.

4. <u>Les</u> enfants des voisins sont adorables.   ⇨ Nos voisins ont .... enfants adorables.

5. Je voudrais <u>des</u> timbres, s'il vous plait !   ⇨ J'aime .... jolis timbres.

6. <u>L'</u>idée de Pascal est intéressante !   ⇨ Pascal a .... bonne idée !

7. Faites <u>des</u> voyages !   ⇨ .... voyages forment la jeunesse.

8. <u>L'</u>appartement de la rue Mirabeau est très agréable.   ⇨ J'ai .... appartement rue Mirabeau.

Exercice 2

Dans les phrases suivantes, choisissez l'article qui convient (défini ou indéfini) :

1. J'ai .... chien et deux souris blanches. .... souris n'ont pas de nom, mais .... chien s'appelle Izmir.

2. Aujourd'hui, ... temps est beau; .... soleil brille et .... vie est belle !

3. Il y a .... accident sur .... route nationale 6 entre .... voiture, ... camion et .... autobus.

4. S'il te plait, achète .... bouteille de vin, ... fruits et .... journal *Le Monde*.

5. Le lion est ...... roi des animaux.

Exercice 3

Même exercice :

1. .... bicyclette de Christophe a douze vitesses.

2. Il fait froid, je dois mettre .... pull de laine.

3. Cet après-midi j'ai acheté .... costume, deux cravates et .... paire de chaussettes.

4. J'ai lu .... livre intéressant mais j'ai oublié .... titre de ce livre.

5. Peux-tu me donner .... adresse et .... numéro de téléphone de Louise ?

6. En été, ... oranges ne sont pas bonnes; achetons .... pêches, c'est délicieux !

au / du - aux / des

Il sort **du** restaurant et retourne au bureau.

L'article défini contracté

Après les prépositions **à** et **de**, l'article se contracte au masculin singulier et au pluriel.

à			de		
à + le ⇨ **au**	Il va **au** cinéma.		de + le ⇨ **du**	Yukiko vient **du** théatre.	
à + la ⇨ **à la**	Il parle **à la** secrétaire.		de + la ⇨ **de la**	Que penses-tu **de la** politique ?	
à + l' ⇨ **à l'**	Elle arrive **à l'**aéroport.		de + l' ⇨ **de l'**	Voici le nom **de l'**étudiant.	
à + les ⇨ **aux**	Je demande **aux** enfants.		de + les ⇨ **des**	Ce sont les jouets **des** enfants.	

Exercice 1

Écrivez convenablement l'article :

◆ Exemple : Je parle (à/le) **au** père de Franck.

1. Nous allons (à / le) .... cinéma tous les lundis.

2. Elle écrit (à / la) .... femme de Pierre.

3. Les enfants (de / les) .... voisins sont très bruyants.

4. L'avion arrive (à / l') .... aéroport Roissy-Charles de Gaulle à 20h30.

5. Le bureau (de / le) .... directeur est au 1er étage.

6. La secrétaire (de / l') .... entrepreneur est très compétente.

7. Téléphonez (à / les) .... renseignements !

8. La gardienne (de / l') .... immeuble travaille tous les jours de la semaine.

Exercice 2

Dans les phrases suivantes, mettez les éléments soulignés au pluriel et faites les accords nécéssaires :

◆ Exemple : **L'ami de la jeune fille** est étranger. ⇨ **Les amis des jeunes filles** sont étrangers.

1. La poupée de la petite fille parle et marche.

   ⇨ ....

2. Il parle à l'étudiant.

   ⇨ ....

3. Jacques déteste le prénom de la petite fille de Marc.

   ⇨ ....

4. Elle offre un cadeau à l'enfant.

   ⇨ ....

5. Jean-Louis adore <u>la musique du film</u> de Sergio Leone.

⇒ ....

6. Le peintre parle <u>de la prochaine exposition.</u>

⇒ ....

7. Où est la rue <u>de l'école</u> ?

⇒ ....

8. Voici <u>le bureau du responsable.</u>

Exercice 3

Dans les phrases suivantes, mettez les éléments soulignés au singulier et faites les accords nécessaires.

◆ Exemple : **Les directeurs des écoles** ont une réunion lundi.   ⇒ **Le directeur de l'école** a une réunion lundi.

1. <u>Les tapis des chambres</u> sont très modernes.

⇒ ....

2. Des hommes et des femmes sortent <u>des concerts</u> en chantant.

⇒ ....

3. Voici les dessins et les aquarelles <u>des peintres</u>.

⇒ ....

4. Bruno offre <u>des roses aux amies</u> de Dominique.

⇒ ....

5. Elles parlent <u>des films</u> de Tavernier.

⇒ ....

6. <u>Les bicyclettes des étudiants</u> sont sur le parking.

⇒ ....

7. Les fleurs <u>des cerisiers</u> sont blanches.

⇒ ....

8. Les photos <u>des filles</u> de David sont magnifiques.

⇒ ....

● ● ● ● ● ● ● ● ● ● ● ● ●

du, de l', de la

Pour apprendre une langue, il faut **du** courage, **de la** patience ... et **de l'**énergie !

L'article partitif

L'article partitif sert à désigner une partie d'un ensemble, une notion imprécise. On l'utilise pour parler d'une notion non comptable.

masculin				féminin			
du	⇨ du vin	**de l'**(*)	⇨ de l'humour	**de la**	⇨ de la tendresse	**de l'**(*)	⇨ de l'eau

(*) devant un nom commençant par une voyelle ou un « h » muet.

- -

Exercice 1

Complétez les phrases avec du, de l' ou de la :

◆ Exemple : J'adore la bière.　　⇨ Je bois **de la** bière.

1. J'aime le soleil　　　　　　　　　⇨ Aujourd'hui, il y a .... soleil sur tout le pays.

2. Le café colombien est excellent.　⇨ J'ai acheté .... café colombien.

3. Le thym parfume la cuisine.　　　⇨ Je veux acheter .... thym.

4. Je déteste la musique classique.　⇨ Mettons .... musique moderne, s'il vous plait !

5. La salade verte, c'est bon pour la santé !　⇨ Alors, je vais manger .... salade verte !

6. J'adore l'eau minérale gazeuse.　⇨ Donnez-moi .... eau minérale gazeuse.

7. L'affection est essentielle pour l'équilibre.　⇨ Il nous faut .... affection.

Exercice 2

Dans chacune des phrases suivantes, rayez le nom que l'on ne peut pas employer :

◆ Exemple : Je voudrais du pain / fromage / ~~cigare~~ (un cigare)

1. S'il vous plait, donnez-moi de l'eau / tarte aux pommes / argent.

2. Pour de bonnes vacances, il me faut de la tranquillité / chaleur / vagues.

3. Sur le nord du pays, il y a du nuages /vent / soleil.

4. Il est bon de donner à votre bébé de l'amour / ours en peluche / affection.

5. Pour réussir dans ce travail, il faut du courage / temps / connaissances.

Exercice 3

Complétez avec l'article partitif qui convient :

1. Le matin, je prends .... thé avec .... lait, ... pain et .... brioche.

2. Au marché, j'ai acheté .... bon pain de campagne, des légumes verts, des fruits et .... confiture.

3. Au restaurant, François commande toujours .... viande et moi je prends généralement .... poisson.

4. Aujourd'hui il y a .... neige au-dessus de 800 mètres et .... vent dans les plaines. Moi, je voudrais .... soleil et .... chaleur !

le, la, l', les ⇨ ...pas le, la, l', les
du, de l', de la ⇨ ... pas de (d')

Vous aimez **les** chats ? Non, je n'aime **pas les** chats.

Vous prenez **du** vin ? Non merci, je ne bois **pas de** vin.

L'article et la négation

- Dans la phrase négative l'article défini reste en place :

  Tu prends le bus ?   ⇨ Non, je ne prends pas le bus.

- Mais, dans la phrase négative, l'article partitif et l'article indéfini sont supprimés et remplacés par la préposition **de** (ou **d'**) :

  Je bois de l'eau.   ⇨ Je ne bois **pas d'**eau.

  Vous avez une voiture ? ⇨ Non, je n'ai **pas de** voiture.

  Tu veux un café ?   ⇨ Non merci, je ne veux **pas de** café.

Sauf : C'est un Japonais ?   ⇨ Non, **ce n'est pas un** Japonais.

  Ce sont des étudiants ?   ⇨ Non, **ce ne sont pas des** étudiants.

● ●

Exercice 1

Répondez à ces questions : a) affirmativement   b) négativement.

◆ Exemple : Vous aimez le jazz ?   a) Oui, j'aime le jazz.   b) Non, je n'aime **pas le** jazz.

  Vous avez une voiture ? a) Oui, j'ai une voiture.   b) Non, je n'ai **pas de** voiture.

1. Vous avez une maison en Corse ?

   a)..   b) ....

2. Connais-tu le mari de Noura ?

   a)..   b) ....

3. Tu veux de la moutarde avec le rôti ?

   a)..   b) ....

4. Pouvez-vous nous prêter de l'argent ?

   a)..   b) ....

5. C'est un touriste américain ?

   a)..   b) ....

6. Tu veux du lait dans ton café ?

   a)..   b) ....

7. Ce sont des tableaux originaux ?

   a)..   b) ....

8. Est-ce que vous avez écouté les informations ?

   a)..   b) ....

9. Avez-vous lu le journal ce matin ?

   a) ....   b) ....

10. Tu as du temps pour te distraire ?

   a) ....   b) ....

Exercice 2

Répondez selon les indications données :

◆ Exemples : Une voiture ? (non)   ⇨ Non, je n'ai **pas de** voiture !

             Des loisirs ? (oui)   ⇨ Oui, j'ai **des** loisirs !

1. un appartement ? (oui)   ⇨ ....

2. la télévision ? (non)   ⇨ ....

3. le téléphone ? (oui)   ⇨ ....

4. un lit ? (oui)   ⇨ ....

5. un canapé ? (non)   ⇨ ....

6. un animal domestique ? (non)   ⇨ ....

7. des meubles modernes ? (non)   ⇨ ....

8. des ustensiles de cuisine ? (oui)   ⇨ ....

9. un fauteuil ? (oui)   ⇨ ....

10. la radio ? (oui)   ⇨ ....

11. du travail ? (non)   ⇨ ....

12. de l'argent ? (non)   ⇨ ....

Exercice 3

Transformez ces réponses positives en réponses négatives :

◆ Exemples : Oui, j'aime les voyages.   ⇨ Non, je n'aime **pas les** voyages.

             Oui, j'ai une maison à la campagne.   ⇨ Non, je n'ai **pas de** maison à la campagne.

1. Oui, j'ai acheté le dernier numéro
   de *La Nouvelle revue française.*   ⇨ ....

2. Oui, Madame Anitte a une fille.   ⇨ ....

3. Hier, j'ai eu un billet gagnant !   ⇨ ....

4. Nous avons vu le feu d'artifice du 14 juillet.   ⇨ ....

5. Oui, je mange de la salade avec mon croque-madame.   ⇨ ....

6. Oui, ce sont des comédiens.   ⇨ ....

7. Oui, Zoé aime les salades.   ⇨ ....

8. J'ai reçu une lettre des services des impôts.   ⇨ ....

9. Oui merci, je prends de l'eau minérale !   ⇨ ....

10. Oui, j'ai visité la cathédrale et les musées de Chartres.   ⇨ ....

le, la, les, du, de la, de l'

J'adore **le** soleil. Il y a toujours **du** soleil dans ma région.

Article défini ou partitif ?

• L'article partitif sert à désigner **une partie d'un ensemble.**

• L'article défini désigne une **notion « en général »** ou une **partie définie d'un ensemble.**

> J'adore **le** vin (en général). Chaque jour je bois du vin pour le déjeuner (une certaine quantité).
>
> En général, j'achète **du** vin rouge (une certaine quantité).
>
> **Le** vin que tu as choisi avec le poisson est excellent (il s'agit d'un vin déterminé, précis).

Exercice 1

Choisissez un élément de chaque colonne pour construire une phrase correcte :

1. Il boit…	A. … de la force pour être haltérophile.
2. Il faut avoir…	B. … le talent de cet écrivain.
3. Pierre aime l'alcool ; il aime surtout…	C. … de la bière belge.
4. J'admire…	D. … du talent, cet écrivain !
5. Cet éditeur apprécie beaucoup…	E. … la bière allemande.
6. Il a…	F. … la force et le courage de cette femme.

1	2	3	4	5	6
C					

Exercice 2

Complétez les blancs avec les articles proposés dans le désordre en début de phrase :

◆ Exemple : (**le / du**)

> – Il reste **du** pain ?
>
> – Oui, regarde, **le** pain est sur la table !

1. (le, du, de l', du)

– Et qu'est-ce que vous voulez boire ? ………. vin ? ………. eau ?

– ………. vin rouge, s'il vous plait. J'ai lu que ………. vin était bon pour la santé.

2. (de l', le, du)

– Josiane adore ………. sport. Elle fait ………. jogging tous les matins et ………. aérobic trois fois par semaine.

3. (du, de la, le, le)

– Tu aimes ………. pain aux céréales ?

– Oui, j'adore ………. pain complet. Chaque matin, je prends ………. pain avec ………. confiture.

4. (le, du)

– Le fils des Honoré a trouvé .... travail ?

– Oui, mais .... travail qu'on lui demande est trop difficile pour lui.

5. (de l', l)

– Qu'est-ce qui se passe ici ? Il y a .... eau partout !

– Il pleut et tu as laissé la fenêtre ouverte... Évidemment, ... eau est entrée par la fenêtre !

6. (de la, la, du, le)

– Tu veux .... cake aux raisins ou tu préfères .... tarte aux pommes de maman ?

– Je voudrais .... tarte aux pommes, s'il te plait ; je n'aime pas trop .... cake.

Exercice 3

Complétez les phrases suivantes avec un article défini ou partitif :

1. – Tu as .... argent pour acheter ce beau manteau ?

   – Moi, ... argent ? Non, mais j'ai .... carte « visa »...

2. – Vous prenez .... café au petit déjeuner ?

   – Oui, je bois .... café et je mange .... pain avec .... beurre et .... confiture.

   – Ah ! Moi j'aime .... beurre, mais je déteste .... confiture !

3. – Il y a .... neige maintenant à Québec ?

   – Oui, mais tu peux venir, tu aimes .... neige, toi ?

   – En fait, je préfère .... soleil, mais .... neige c'est mieux que .... froid ou .... pluie !

4. – Je suis fatigué, je n'ai pas d'énergie !

   – Va voir ton médecin, il te faut des vitamines pour avoir .... tonus !

5. – Madame, ... vin pour vous aussi ?

   – Oui, je vais boire .... vin blanc, mais apportez-moi aussi .... eau minérale, s'il vous .... plait !

6. – Je ne peux pas porter .... gros sac noir ; il est vraiment très lourd !

   – Je vais t'aider, moi j'ai .... force et des muscles !

   – Merci, moi je vais prendre .... valise et .... petits sacs à dos.

• • • • • • • • • • • •

le, la, un, une, des, au, à la...

J'adore **le** café. Je bois **du** café. Je vais **au** café

Choisir le bon article

Exercice 1

Complétez avec l'article qui convient (défini, indéfini ou contracté) :

Je n'aime pas .... danse; je ne vais pas souvent .... cinéma. Je lis .... livres (à) .... bibliothèque et, en général, j'achète .... magazine ou .... revue par semaine pour lire (à) .... lit. J'adore .... télévision : il y a .... films, ... jeux, ... émissions variées. J'aime aussi regarder .... journaux télévisés pour connaitre .... nouvelles internationales. .... radio est aussi .... bon moyen d'information : j'écoute .... émissions culturelles de France Inter et j'adore aussi .... chansons françaises.

Exercice 2

Associez les questions et les réponses :

1. Où allez-vous ?   A. Du cinéma, je suis allé voir *Ridicule*.
2. De quoi parlez-vous encore tous les deux ?   B. On va au cinéma.
3. Quels sont tes passe-temps favoris ?   C. Des États-Unis, bien sûr !
4. C'est quoi ce grand bâtiment ?   D. Du vin.
5. Tu veux du vin ?   E. Aux États-Unis.
6. Où est-ce que tu as appris ça ?   F. Le vin.
7. Quel est ton apéririf préféré ?   G. Non pas de vin, mais de l'eau.
8. Qu'est-ce que tu as acheté en Bourgogne ?   H. Le cinéma et les balades en forêt.
9. Où est votre père ?   I. L'hôpital.
10. D'où viens-tu ?   J. Il est à l'hôpital.

Exercice 3

Complétez les dialogues suivants :

1. – Vous aimez .... animaux domestiques ?

   – J'adore .... chiens mais je déteste .... chats.

   – Vous avez .... animal à la maison ?

   – Oui, j'ai .... tortue et .... poissons rouges. Malheureusement, je n'ai pas .... chien.

2. – Tu es allée .... musée d'Art moderne samedi dernier ?

   – Oui, j'ai vu .... exposition sur l'expressionisme. Toi aussi ?

   – Non, je déteste .... musées et je ne m'intéresse pas .... peinture.

3. – Je prépare .... thé ou vous préférez boire .... eau fraiche ?

   – Je n'aime pas .... thé, mais je ne bois jamais .... eau. Vous avez peut-être .... champagne ?

   – Ah oui ! Mais .... champagne ne sera pas frais...

c'est / il (elle) est

C'est un Mexicain – **Il est** mexicain.
Elle est institutrice – **C'est** une institutrice.

• **C'est** présente le nom :

> **C'est** monsieur Barnoud.
>
> **C'est** un professeur (**c'est** + déterminant + nom).
>
> **C'est** la directrice.

• **Il est** qualifie le nom :

> **Il est** allemand. (**il est** + adjectif).
>
> **Il est** architecte. (**il est** + nom à valeur d'adjectif).
>
> On peut remplacer **il** par Pierre / elle / mon voisin...etc.

• •

Exercice 1

*Complétez les phrases suivantes avec **c'est**, **il est** ou **elle est** :*

1. À droite, ... Michel. .... français, ... le mari de Nathalie.

2. Mon père ? .... le grand homme au fond sur la photo.

3. .... une femme formidable. .... avocate à Lyon.

4. Cet homme à lunettes, ... mon professeur. .... gentil et très compétent.

5. .... votre chien ? .... est magnifique !

6. – Qui est cet homme, tu le connais ?

   – Oui, ... monsieur Foult. .... chirurgien.

7. Lui, ... mon voisin, ... très sympathique.

8. – .... du poisson très frais ?

   – Bien sûr Madame, ... frais et toujours délicieux !

Exercice 2

Même exercice :

1. À une soirée, deux femmes :

   – Qui est ce beau jeune homme près de la fenêtre ?

   – Le jeune homme brun ? .... mon fils !

2. Dans une classe de lycée, le jour de la rentrée :

   – Hé ! Il parait qu'on a un nouveau prof de math !

   – Ouais ! J'espère qu'............ sympa !

3. À la même soirée, les mêmes femmes :

– Ton fils ? Et il fait quoi ?

– .... kinésithérapeute.

4. Dans la classe du lycée :

– Chut ! Voila le prof de math ! Chut !

– Oh, ... une femme !

5. À la même soirée, deux hommes :

– Tiens, regarde ! .... le fils des Honoré !

– Il vivait en Afrique, non ?

6. Au lycée, à la récré :

– Hé, Julie ! Qui c'est la fille avec Thierry et Diane ?

– .... notre prof d'anglais.

7. Diane, Thierry et la prof :

– Et vous, Diane, que fait votre mère ?

– .... puéricultrice. .... la directrice de la crèche Beaujardin.

8. Le fils des Honoré et son frère :

– Qui est en train de parler avec maman ?

– Madame Raoul, ... la femme du nouveau directeur du supermarché.

Exercice 3

Même exercice :

Présentations.

1. Je te présente Michael.

.... un étudiant canadien. .... à la fac des Sciences.

2. Je vous présente Laurent Adam.

.... directeur des ventes à Melun. .... un très bon directeur.

3. Voici mon fils, Armand.

.... l'artiste de la famille ! .... bon comédien, mais............... un mauvais fils : je ne le vois pas souvent.

4. Je te présente monsieur Voorzitter, notre nouveau responsable de la formation.

.... hollandais. .... un Hollandais qui aime beaucoup la France, n'est-ce pas, Monsieur Voorzitter ?

5. Voici Jean-François, son mari.

.... un gentil mari. .... riche. .... retraité de l'armée française.

ce, cet, cette, ces

Qui est **cet** étudiant ?

Je ne comprends pas **ce** mot.

Les adjectifs démonstratifs

Le nom déterminé est masculin (un livre)	Le nom déterminé est masculin et commence par une voyelle ou un « h » muet (un ordinateur un hôtel)	Le nom déterminé est féminin (une cassette une adresse)	Le nom déterminé est pluriel (des livres des cassettes)
ce livre	**cet** ordinateur **cet** hôtel	**cette** cassette **cette** adresse	**ces** livres **ces** cassettes

Exercice 1

*Ecrivez **ce**, **cet**, **cette** ou **ces** devant les noms suivants :*

[nous vous indiquons si le mot est masculin (m) ou féminin (f)]

◆ Exemple : **ce** dictionnaire (m)   **cette** chaise (f)

1. .... fille (f)
2. .... boulanger (m)
3. .... étudiante (f)
4. .... secrétaires (f)
5. .... ami (m)
6. .... Espagnol (m)
7. .... homme (m)
8. .... femme (f)
9. .... Hawaiien (m)
10. .... étudiants (m)

Exercice 2

Même exercice :

1. .... stylo (m)
2. .... école (f)
3. .... réponse (f)
4. .... université (f)
5. .... livre (m)
6. .... exercice (m)
7. .... questions (f)
8. .... cahier (m)
9. .... feuilles (f)
10. .... page (f)

Exercice 3

Même exercice :

1. .... téléphone (m)
2. .... baladeur (m)
3. .... radio (f)
4. .... ordinateur (m)
5. .... voiture (f)
6. .... vélos (m)
7. .... disques (m)
8. .... caméra (f)
9. .... hélicoptère (m)
10. .... télévision (f)

Exercice 4

Complétez avec **ce, cet, cette, ces** *:*

◆ Exemples : Regarde **ces** jolies pommes !

1. Dans un magasin :
   – Vous aimez .... cravate ?
   – Oui, mais elle ne va pas avec .... chemise.

2. À l'école :
   – Tu ne fais pas .... exercice ?
   – Non, je ne comprends pas .... questions.

3. Dans la rue :
   – Tu vois .... étudiante ?
   – .... fille, à droite ?
   – Non, la fille à côté de .... homme avec un chapeau.
   – Oui. Et alors ?
   – C'est ma voisine.

4. Au bureau de police :
   – Oui, monsieur l'agent, il faut arrêter .... voleur.
   – Monsieur l'agent, n'écoutez pas .... femme, elle est folle !

5. Au téléphone :
   – Je vais au cinéma voir *Delicatessen*. Tu veux venir ?
   – Euh... j'ai déjà vu .... film.
   – Tant pis. On peut se voir après le film, si tu veux, au Van Gogh.
   – Le Van Gogh ?
   – Oui, tu sais, c'est .... petit café à côté du cinéma La Pagode.

Exercice 5

Transformez comme dans l'exemple :

◆ Exemples : le livre est en anglais   ⇨ **Ce** livre est en anglais.
             la cassette est vierge   ⇨ **Cette** cassette est vierge.

Les corrections du professeur :

1. Le verbe est mal écrit.   ⇨ ....

2. Le mot n'existe pas.   ⇨ ....

3. L'expression n'est pas française.   ⇨ ....

4. L'adjectif ne prend qu'un « s ».   ⇨ ....

5. L'adverbe est mal placé.   ⇨ ....

6. On ne peut pas utiliser le nom ici.   ⇨ ....

7. La préposition ne va pas avec le verbe « parler ».   ⇨ ....

8. L'exercice est terminé.   ⇨ ....

Exercice 6

Même exercice

Mon emploi du temps :

1. Le matin, je vais aller à Paris.   ⇨ ....

2. L'après-midi, j'ai une réunion.   ⇨ ....

3. Le soir, je vais au théâtre.   ⇨ ....

4. La nuit, je pars à Ouagadougou.   ⇨ ....

5. La semaine, j'ai beaucoup de travail.   ⇨ ....

6. Le weekend, je vais à la campagne.   ⇨ ....

Exercice 7

Complétez avec ce, cet, cette, ces :

1. Dans la chambre d'un nouvel appartement :

Alors, mettez .... lit, là, à gauche. Et .... plantes près de la fenêtre. Mettez .... armoire contre le mur, ici. Non, le fauteuil ne reste pas dans .... chambre.

2. Dans le salon :

Mettez .... fauteuil, ici. Posez .... petite table devant le fauteuil. Poussez .... meuble à droite de la fenêtre. Non, ... chaise va dans la cuisine

3. Dans la cuisine :

Pourquoi est-ce que .... ordinateur est dans la cuisine ? .... machine à laver prend beaucoup de place ici. .... appartement est vraiment petit ! Oui, ... chaises restent ici. Et d'où vient .... chat ? Je n'ai pas de chat !

● ● ● ● ● ● ● ● ● ● ● ● ●

mon, ma, mes...

Je cherche **mes** clés.

Maria est à Paris avec **sa** directrice.

Les adjectifs possessifs

la personne	l'élément		l'élément commence par une voyelle (un ami, une amie)	il y a plusieurs éléments (des livres, des cassettes, des amies)
	masculin (un livre)	féminin (une cassette)		
je	**mon** livre	**ma** cassette	**mon** ami **mon** amie	**mes** livres **mes** cassettes **mes** amies
tu	**ton** livre	**ta** cassette	**ton** ami **ton** amie	**tes** livres **tes** cassettes **tes** amies
il/elle	**son** livre	**sa** cassette	**son** ami **son** amie	**ses** livres **ses** cassettes **ses** amies
nous	**notre** livre	**notre** cassette	**notre** ami **notre** amie	**nos** livres **nos** cassettes **nos** amies
vous	**votre** livre	**votre** cassette	**votre** ami **votre** amie	**vos** livres **vos** cassettes **vos** amies
ils / elles	**leur** livre	**leur** cassette	**leur** ami **leur** amie	**leurs** livres **leurs** cassettes **leurs** amies

Exercice 1

Complétez :

1. Elle parle avec **son** voisin.

        sa sœur

        s............ avocat.

        s............ boulangère.

        s............ poissons rouges.

2. Tu cherches **ton** chapeau ?

t............ chaussettes ?

t............ cravate ?

t............ imperméable ?

3. Vous apportez **votre** ordinateur portable ?

v............ disquettes ?

v............ logiciel ?

v............ imprimante ?

4. Ils regardent **leur** jardin.

l............ photos de vacances.

l............ cartes.

l............ guide touristique.

Exercice 2

Complétez avec les possessifs :

◆ Exemples : Il téléphone à **son** ami.

Je cherche **mes** chaussettes.

1. Je te présente, Wei-Han, m............ ami chinois.

2. M............ chat s'appelle Minou.

3. Vous connaissez m............ femme ?

4. Où sont m............ chaussures ?

5. Je ne connais pas v............ prénom.

6. Où sont v............ amis ?

7. Quelle est v............ nationalité ?

8. V............ secrétaire est malade ?

9. Vous parlez n............ langue ?

10. N............ professeur vient de Marseille.

11. Voici n............ bagages.

12. Tu as n............ passeports ?

13. Regarde l............ voiture !

14. L............ examens commencent demain.

15. J'adore l............ disque.

16. Ils viennent avec l............ enfants.

17. Elle veut t............ adresse.

18. J'écoute t............ questions.

19. C'est t............ frère ?

20. T............ chemise est superbe !

21. S............ lettre est sur la table.

22. S............ appartement est près d'ici.

23. Elle habite avec s............ père.

24. Elle fait s............ courses.

Exercice 3

Complétez

À l'aéroport :

Le policier : Bonjour, monsieur .... papiers, s'il vous plaît.

M. Hébété : Pardon ? Vous voulez .... papiers ?

Le policier : Oui, ... passeport, s'il vous plaît.

M. Hébété : Ah ! Oui, oui, voilà.

Le policier : Je peux voir .... billet d'avion.

M. Hébété : Oui, bien sûr.

Le policier : Qu'est-ce qu'il y a dans .... valises ?

M. Hébété : Oh ! Rien, seulement quelques cadeaux pour .... femme et .... enfants.

Le policier : Ouvrez .... valise rouge, s'il vous plait.

              Tiens ! Trois bouteilles de whisky ! .... enfants aiment beaucoup le whisky ?

M. Hébété : Non, mais .... femme, oui !

Exercice 4

Récrivez les phrases en mettant les noms soulignés au pluriel. Faites les accords nécessaires :

◆ Exemples : Regarde ma **photo**.   ⇨ Regarde **mes** photos.

            Votre **passeport**, s'il vous plait. ⇨ **Vos** passeports, s'il vous plait.

1. Ma <u>fille</u> est en vacances avec son ami.

   ⇨ ....

2. Ta <u>valise</u> est à l'hôtel ?

   ⇨ ....

3. Le château d'Angers est célèbre pour sa <u>tapisserie</u>.

   ⇨ ....

4. Visitez Flotteville : son <u>église</u>, son <u>musée</u>, son <u>lac</u>, sa <u>piscine</u>, sa <u>rivière</u> !

   ⇨ ....

5. J'aime beaucoup votre <u>photo</u> de la tour Eiffel la nuit.

   ⇨ ....

6. Notre <u>voisin</u> ne va pas en vacances avec ses enfants cette année.

   ⇨ ....

7. Leur <u>vélo</u> est sur le toit de la voiture.

   ⇨ ....

8. Est-ce que tu emportes ton <u>livre</u> et ton <u>journal</u> sur la plage ?

   ⇨ ....

9. Istanbul est une ville superbe pour son <u>marché</u> et son <u>bazar.</u>

   ⇨ ....

10. Les enfants, faites votre <u>château</u> de sable plus loin, s'il vous plait.

   ⇨ ....

11. Visitez les musées de la ville et suivez leur <u>guide</u> !

   ⇨ ....

12. Nous cherchons un souvenir pour notre <u>amie</u>.

   ⇨ ....

son, sa, ses
ou
leur, leurs

Julien est dans **sa** chambre.

Louise et Valentin veulent vendre **leur** maison.

Les adjectifs possessifs

---

une personne / animal / chose ⇨ **son / sa / ses**

Julien va venir avec sa femme.

Cette école est connue pour ses bons résultats.

La chienne joue avec sa balle.

deux (ou plus) personnes / animaux / choses ⇨ **leur / leurs**

Louise et Valentin ont manqué leur train.

J'aime beaucoup **ces textes** pour la qualité de leur style.

Les oiseaux nourrissent leurs petits.

Exercice 1

Complétez avec ***son****,* ***sa*** *ou* ***ses***

1. Esther est à Berlin avec .... sœur.

2. J'aimerais aller à Miami et me reposer sur .... célèbres plages.

3. L'ORDI 573 est un bon ordinateur mais .... écran est trop petit.

4. Une hirondelle a construit .... nid juste au-dessus de ma fenêtre.

5. Je voudrais contacter Ali. Est-ce que tu as .... adresse ?

6. Et votre fille ? Qu'est-ce qu'elle va faire pendant .... vacances ?

7. J'adore ma boulangère. Elle est jolie et .... pain est excellent.

8. Catherine est dans le jardin. Elle arrose .... fleurs.

9. Romain a commis une erreur ? Eh bien ! C'est .... problème ! Je ne veux pas m'en occuper.

10. Demain, je vais aller voir Natacha dans .... nouvel appartement.

11. Vous avez écrit un bon texte mais il faudrait revoir .... structure.

12. L'avion s'est écrasé après avoir perdu .... réacteur gauche.

Exercice 2 :

Transformez les phrases en remplaçant ***son****,* ***sa****,* ***ses*** *par* ***leur****,* ***leurs***

◆ Exemples : Ne touchez pas à ce livre, sa couverture est très fragile.

Ne touchez pas à ces livres, **leur** couverture est très fragile.

1. Il ne peut pas utiliser cet ordinateur, tous ses logiciels sont en anglais.

Il ne peut pas utiliser ces ordinateurs, tous... ....

2. Mon étudiante péruvienne a bien travaillé. Ses résultats sont excellents.

   Mes étudiantes péruviennes ont bien travaillé... ....

3. Je n'arrive pas à contacter mon amie, son téléphone ne fonctionne pas.

   Je n'arrive pas à contacter mes amies, ...

4. Donnez-moi le numéro de téléphone de M. Martin, s'il vous plait, son numéro est dans le dossier vert.

   Donnez-moi le numéro de téléphone de M. & Mme Martin, s'il vous plait, ...

5. Cet auteur a de bonnes idées mais son style n'est pas très bon.

   Ces auteurs ont de bonnes idées mais... ....

6. Ma fille est très déçue : ses meilleures amies ne sont pas venues à sa fête.

   Mes filles sont très déçues : ... .

7. Je pense que mon voisin est parti parce que sa voiture n'est pas là.

   Je pense que mes voisins sont partis parce que ... .

8. La République du Sumigala ne votera pas au mois de mars : son président a annulé les élections.

   Les Sumigalais ne voteront pas au mois de mars : ... .

Exercice 3

*Transformez les phrases en remplaçant **leur**, **leurs** par **son**, **sa**, **ses** :*

◆ Exemple : Les étudiants ont réussi leur examen.   ⇨ L'étudiant a réussi **son** examen.

1. Les voisins du dessus ont perdu leurs clés.   ⇨ ....

2. Mes fils veulent arrêter leurs études.   ⇨ ....

3. Les magasins soldent leur marchandise.   ⇨ ....

4. Les ministres vont présenter leurs projets.   ⇨ ....

5. Ces artistes exposeront leur meilleur tableau
   au prochain Salon d'Automne.   ⇨ ....

6. Les professeurs vont faire une photo
   dans le jardin avec leurs étudiants.   ⇨ ....

7. Mes collègues sont venues avec leur mari.   ⇨ ....

8. Les jouets sont vendus sans leurs piles.   ⇨ ....

Exercice 4

*Complétez avec **leur** ou **leurs***

1. Les étudiants refusent de faire .... exercices.

2. J'aime bien les voitures électriques mais .... prix est trop élevé.

3. Les Français sont très fiers de .... fromages.

4. Youssouf et Emilie veulent nous montrer .... photos de vacances.

5. Les banques vont augmenter le tarif de .... services.

6. L'avion va atterrir dans 10 minutes. Les passagers sont priés d'attacher .... ceinture.

7. Il y a longtemps que je n'ai pas vu Monsieur et Madame Nézy. Vous avez de .... nouvelles ?

8. Les chanteurs français sont peu connus à l'étranger mais .... disques se vendent bien en France.

9. Il a commencé à pleuvoir, alors les touristes sont vite remontés dans .... autocar et ils sont partis sans visiter le parc.

10. Les Sumigalais pourraient accueillir plus de touristes si .... hôtels étaient plus confortables.

Exercice 5

*Complétez les textes avec **son**, **sa**, **ses**, **leur** ou **leurs** :*

1. Ma chienne est un animal étrange. Avec .... puces, elle organise souvent de grandes fêtes et elle invite tous .... amis dans .... niche.

   Quand il y a une fête, elle met .... collier le plus beau. Bien sûr, ... voisins (deux chiens sans père ni mère) sont toujours un peu jaloux.

2. Mes deux jolis canaris aimeraient sortir de .... petite cage et retourner dans .... iles d'origine, les Canaries. Pourtant, tous les jours, ils chantent et .... chants mettent de la joie dans toute la maison. Ils apportent aussi de la couleur : .... beau plumage jaune est comme un rayon de soleil.

3. Mon mari, lui, n'aime pas les animaux. Il vit pourtant un peu comme un animal. Il est toujours assis dans .... fauteuil, devant .... télévision, avec .... pantoufles et .... bière. Tous les jours, je lui apporte .... diner, je lui fais une petite caresse sur la tête et il est heureux.

Exercice 6

*Récrivez le texte en remplaçant **je**, par **elle**, puis par **ils** :*

Je suis vraiment heureux dans ma maison. Je retrouve là tout ce que j'aime : avant tout, mes enfants qui sont le centre de ma vie. J'aime aussi mon jardin et mes fleurs. J'y passe tous mes weekends avec mon chien, mon ami fidèle. Le soir, je m'installe dans ma bibliothèque avec mes livres.

Elle est vraiment heureuse dans sa maison ....
....

Ils sont vraiment heureux dans leur maison ....
....

● ● ● ● ● ● ● ● ● ● ● ● ● ● ●

chaque, quelques, tout, certains,...

Quelques étudiants attendent dans la salle.

Tous les matins, je me lève à 6 h 30.

Les déterminants indéfinis

singulier		pluriel	
masculin	**féminin**	**masculin**	**féminin**
chaque		–	
–		plusieurs	
quelque		quelques	
certain	certaine	certains	certaines
aucun	aucune	-	
tout	toute	tous	toutes
autre		autres	
même		mêmes	

Attention :

- Au singulier, **certain** est toujours précédé de l'article indéfini (**un / une**).

  Il faut un **certain** courage pour faire du parachutisme.

  Nous avons besoin d'**une certaine** somme d'argent pour ce projet.

- Au pluriel, observez la transformation avec **autres** :

  Je n'aime pas la robe rose. Je peux essayer les **autres** robes ?

  Je voudrais **un autre** livre. Je voudrais d'**autres** livres.

●●

Exercice 1

Complétez les phrases avec les mots proposés entre parenthèses :

◆ Exemple : (certain) **Certaines** étudiantes ne viennent pas à l'école demain.

1. Adrien ne peut pas venir, il a (quelque) .... problèmes.

2. Est-ce que tu connais les (autre) .... livres de Pennac ?

3. Le directeur arrive (tout) .... les jours à 7h30.

4. Non, je n'ai reçu (aucun) .... lettre ce matin.

5. Il y a (certain) .... choses dont j'aimerais parler avec toi.

6. (certain) .... personnes disent que vous allez partir. C'est vrai ?

7. Charlotte ne vient plus nous voir depuis (quelque) .... temps.

8. Je n'aime pas beaucoup (certain) .... professeurs.

9. Quand (tout) .... les disques sont arrivés, tu me téléphones.

10. Il a bu, seul, (tout) .... une bouteille de cognac.

11. Je ne suis pas allé à Paris depuis un (certain) .... temps.

12. Je vais acheter d'(autre) .... cassettes.

Exercice 2

Même exercice :

1. Je suis végétarien. Je ne mange (aucun) .... viande : ni boeuf, ni poulet.

2. Il n'y a plus (aucun) .... contrôle à la frontière entre la France et la Belgique.

3. Alexandre est un homme d'un (certain) .... âge.

4. Le jour de mon anniversaire, (tout) .... ma famille était là.

5. Je ne comprends pas (certain) .... questions.

6. Les vêtements de Jean-Paul Gaultier ont un (certain) .... style.

7. Utilise l'(autre) .... téléphone ; ce téléphone ne marche pas.

8. Je n'aime pas beaucoup ce chapeau. Vous avez d'(autre) .... modèles.

9. Je suis désolé, (tout) .... les (autre) .... chambres de l'hôtel sont réservées.

10. Vous avez la (même) .... jupe, en rouge ?

11. Oh ! Qu'il est beau ! Il a les (même) .... oreilles que son père !

12. Vous avez fait (quelque) .... erreurs.

Exercice 3

Mettez les mots soulignés au pluriel :

◆ Exemple : ➪ J'ai acheté **un autre** pamplemousse.

           ➪ J'ai acheté **d'autres** pamplemousses.

1. Est-ce que vous avez <u>un autre modèle</u> ?

   ➪ ....

2. Je vais demander <u>à l'autre étudiante</u>.

   ➪ ....

3. Vous avez fait <u>l'autre exercice</u> ?

   ➪ ....

4. Je voudrais <u>un autre renseignement</u>, s'il vous plait.

   ➪ ....

5. Sophie voudrait inviter <u>une autre amie</u>.

   ➪ ....

6. J'ai acheté <u>un autre disque</u> de MC Solaar.

   ➪ ....

7. Où as-tu mis l'autre gâteau ?

⇨ ....

8. Vous connaissez l'autre professeur ?

⇨ ....

9. Je n'aime pas prendre l'avion. Est-ce qu'il y a un autre moyen d'aller à Istanbul ?

⇨ ....

10. Stéphane va apporter une autre bouteille de champagne.

⇨ ....

Exercice 4

Complétez les phrases avec tout, toute, tous, toutes :

1. Il rentre chez lui .... les soirs, à 18h00.

2. Il y a eu du bruit .... la nuit.

3. .... les trains sont retardés à cause de la grève.

4. .... les œufs sont cassés.

5. Ne vous inquiétez pas, il y a un train .... les heures.

6. Ma grand-mère adore .... les jeux à la télévision.

7. .... les demandes de visa doivent être faites au Consulat de France.

8. Le chat est entré dans la cuisine et a mangé .... le fromage.

9. .... les lettres doivent être adressées au directeur de l'école, Monsieur Laroche.

10. Elle m'énerve : elle parle .... le temps.

Exercice 5

Même exercice :

1. J'adore Enzo Enzo et je connais par cœur .... ses chansons.

2. Je n'ai pas eu le temps de lire .... mon livre.

3. Elle a pris .... ses affaires et elle est partie.

4. N'oubliez pas d'apporter .... ces documents à la réunion, demain.

5. C'est grâce à .... votre travail que nous avons réussi.

6. .... ma famille habite près de Lyon.

7. .... ses amies vont venir samedi prochain.

8. Ne vous inquiétez pas, j'ai .... mon temps.

9. Oui, oui .... ces disques sont à 99 francs.

10. .... son équipe de foot va venir dîner à la maison.

1, 2, 3,...
un, deux, trois,...

0	zéro	20	vingt	70	soixante-dix	100	cent	
1	un / une	21	vingt-et-un	71	soixante-et-onze	101	cent-un	
2	deux	22	vingt-deux	72	soixante-douze	199	cent-quatre-vingt-dix-neuf	
3	trois	23	vingt-trois	73	soixante-treize	200	deux-cents	
4	quatre	24	vingt-quatre	74	soixante-quatorze	217	deux-cent-dix-sept	
5	cinq	25	vingt-cinq	75	soixante-quinze	...	...	
6	six	26	vingt-six	76	soixante-seize			
7	sept	27	vingt-sept	77	soixante-dix-sept	1 000	mille	
8	huit	28	vingt-huit	78	soixante-dix-huit	1 001	mille-un	
9	neuf	29	vingt-neuf	79	soixante-dix-neuf	1 217	mille-deux-cent-dix-sept	
10	dix	30	trente	80	quatre-vingts	2 000	deux-mille	
11	onze	31	trente-et-un	81	quatre-vingt-un	...	...	
12	douze	...	...	82	quatre-vingt-deux			
13	treize	40	quarante	...	...	1 000 000	un million	
14	quatorze	50	cinquante	90	quatre-vingt-dix	2 000 000	deux millions	
15	quinze	60	soixante	91	quatre-vingt-onze	...	...	
16	seize	...	...	92	quatre-vingt-douze	1 000 000 000	un milliard	
17	dix-sept			93	quatre-vingt-treize	2 000 000 000	deux milliards	
18	dix-huit			...	...	...	...	
19	dix-neuf							

Attention :

• En Belgique et en Suisse, on utilise :

70 : **septante**   80 : **octante** (ou **huitante** en Suisse)   90 : **nonante**

• On écrit :   ⇨ cent, deux-cent-cinquante, cinq-cent-trente-et-un,...

    mais   ⇨ deux-cents, cinq-cents,...

• On écrit :   ⇨ vingt, quatre-vingt-dix, cent-vingt (100+20), ...

    mais   ⇨ quatre-vingts (4x20), deux-cent-quatre-vingts,...

• Les nombres entre 1 100 et 2 000 (les années, en particulier) peuvent être lus :

    1800   ⇨ mille-huit-cents *ou* dix-huit-cents

    1997   ⇨ mille-neuf-cent-quatre-vingt-dix-sept *ou* dix-neuf-cent-quatre-vingt-dix-sept

• Les nombres décimaux :

    45,75   ⇨ prononcez quarante-cinq **virgule** soixante-quinze

    1 045,75   ⇨ prononcez mille-quarante-cinq **virgule** soixante-quinze

• Les nombres suivis d'une unité de mesure (**le franc, le mètre, le gramme, le litre,**...) peuvent être lus :

45,75 francs ⇨ quarante-cinq francs et soixante-quinze centimes **ou** quarante-cinq francs soixante-quinze

45,75 mètres ⇨ quarante-cinq mètres et soixante-quinze centimètres **ou** quarante-cinq mètres soixante-quinze

Exercice 1

Ecrivez ces nombres en lettres :

◆ Exemple : 16 ⇨ **seize**

5 ⇨ .... 505 ⇨ .... 30 ⇨ ....

15 ⇨ .... 5 505 ⇨ .... 33 ⇨ ....

50 ⇨ .... 3 ⇨ .... 333 ⇨ ....

75 ⇨ .... 13 ⇨ .... 13 373 ⇨ ....

Exercice 2

Ecrivez ces nombres en chiffres :

◆ Exemple : douze ⇨ **12**

quatre ⇨ .... quatre-vingt-quatre ⇨ .... soixante-six ⇨ ....

quatorze ⇨ .... quatre-vingt-quatorze ⇨ .... soixante-seize ⇨ ....

quarante ⇨ .... six ⇨ .... quatre-vingt-seize ⇨ ....

quatre-vingts ⇨ .... seize ⇨ .... seize-mille-six-cent-six ⇨ ....

Exercice 3

Ecrivez ces nombres en lettres :

◆ Exemple : 100 ⇨ **cent**

20 ⇨.................... 180 ⇨.................... 7 700 ⇨....................

21 ⇨.................... 200 ⇨.................... 2 200 ⇨....................

80 ⇨.................... 220 ⇨.................... 2 280 ⇨....................

81 ⇨.................... 380 ⇨.................... 2 000 000 ⇨....................

100 ⇨.................... 1 998 ⇨.................... 225 000 ⇨....................

120 ⇨.................... 3 440 ⇨.................... 488 243 ⇨....................

Exercice 4

Marquez d'un espace les milliers et les millions, puis lisez ces nombres :

◆ Exemples : 37550 ⇨ 37 550 7230600 ⇨ 7 230 600

12500 ⇨.................... 65700 ⇨.................... 9824000 ⇨....................

7628 ⇨.................... 123983 ⇨.................... 323345 ⇨....................

5632801 ⇨.................... 373899 ⇨.................... 584788 ⇨....................

Exercice 5

Ecrivez ces nombres en lettres comme dans l'exemple :

◆ Exemple : 1789 ➪ **mille-sept-cent-quatre-vingt-neuf / dix-sept-cent-quatre-vingt-neuf**

Années :   Sommes d'argent :

1999 ➪ .... / ....   1 500 francs ➪ .... / ....

1515 ➪ .... / ....   1 700 francs ➪ .... / ....

1492 ➪ .... / ....   1 900 francs ➪ .... / ....

1666 ➪ .... / ....   1 300 francs ➪ .... / ....

1214 ➪ .... / ....   1 400 francs ➪ .... / ....

Exercice 6

Ecrivez les nombres en lettres, comme dans l'exemple :

◆ Exemple : 55,50 F (franc) ➪ **cinquante-cinq francs cinquante**

1. 77,500 km (kilomètre)   ➪ ....

2. 58,650 kg (kilogramme)   ➪ ....

3. 32,75 £ (livre)   ➪ ....

4. 49,50 g. (gramme)   ➪ ....

5. 1 239,90 F (franc)   ➪ ....

6. 75,50 $ (dollar)   ➪ ....

7. 2,50 L. (litre)   ➪ ....

8. 37,5° (degré)   ➪ ....

Exercice 7

Ecrivez les nombres en chiffres, comme dans l'exemple :

◆ Exemple : cinquante-cinq francs cinquante (F) ➪ **55,50 F**

1. trois kilogrammes cinq-cents (kg)   ➪ ....

2. six litres soixante-quinze (L.)   ➪ ....

3. quatre-cent-quarante-quatre dollars vingt-cinq ($)   ➪ ....

4. quarante-deux kilomètres cent-quatre-vingt-quinze (km)   ➪ ....

5. douze degrés cinq (°)   ➪ ....

6. cent-dix-sept-mille-trois-cents yens (¥)   ➪ ....

7. cinq-cent-cinquante grammes (g.)   ➪ ....

8. cent-quatre-vingt-dix francs cinquante (F)   ➪ ....

1er, 2e, ...
premier, deuxième...

Pour indiquer un ordre de classement avec un nombre, on ajoute *-ième* à la fin du nombre :

2 = deux	⇨	2ᵉ = deuxième
3 = trois	⇨	3ᵉ = troisième
4 = quatre	⇨	4ᵉ = quatrième
9 = neuf	⇨	9ᵉ = neuvième
11= onze	⇨	11ᵉ = onzième
149 = cent-quarante-neuf	⇨	149ᵉ = cent-quarante-neuvième

Notez :

– 1ᵉʳ = premier / 1ʳᵉ = première

– second / seconde (2ⁿᵈ / 2ⁿᵈᵉ) peut être utilisé à la place de deuxième

– dernier / dernière

– pour indiquer les siècles : XVIᵉ siècle, XXᵉ siècle

Exemples :

Le **premier** étage. La **première** lettre. Les **premiers** résultats.

Je voyage en **seconde** classe.

Les **onzièmes** Francofolies de La Rochelle.

Le **149ᵉ** coureur du marathon.

La **dernière** mode. Ces **dernières** années.

Notez aussi l'emploi de **énième** pour indiquer un nombre important et indéterminé :

Le gouvernement veut mettre en place une **énième** réforme.

Exercice 1

Transformez comme dans l'exemple.

◆ Exemple : 1 ⇨ **premier**
6 ⇨ **sixième**

11 ⇨	120 ⇨ ....
19 ⇨	265 ⇨ ....
24 ⇨	500 ⇨ ....
57 ⇨	748 ⇨ ....
89 ⇨	1 000 ⇨ ....
91 ⇨	2 220 ⇨ ....
101 ⇨	1 000 000 ⇨ ....

Exercice 2

Ecrivez en lettres :

◆ Exemple : le 7ᵉ art = le **septième** art

1. la 25ᵉ heure   ⇨ ....

2. la 1ʳᵉ classe   ⇨ ....

3. le 8ᵉ rang   ⇨ ....

4. le 59ᵉ étage   ⇨ ....

5. la 5ᵉ lettre   ⇨ ....

6. le XIXᵉ siècle   ⇨ ....

7. la 42ᵉ semaine   ⇨ ....

8. le 50ᵉ anniversaire   ⇨ ....

9. la 27ᵉ compagnie   ⇨ ....

Exercice 3

Écrivez les chiffres en lettres :

1. Pour allez à la poste, prenez la 2ᵉ rue à droite.   ⇨ ....

2. C'est la 1ʳᵉ fois que vous venez en France ?   ⇨ ....

3. Vincent Perdreau a gagné la 7ᵉ étape du Tour de France.   ⇨ ....

4. Vous aurez une semaine d'examens à la fin du 3ᵉ trimestre.   ⇨ ....

5. Anne habite dans le 18ᵉ arrondissement.   ⇨ ....

6. Vous êtes la 36ᵉ personne à me demander cela !   ⇨ ....

Exercice 4

Complétez les phrases avec le mot donné entre parenthèses (en le modifiant si nécessaire) :

◆ Exemple : J'habite au (deuxième) **deuxième** étage.

           Il y encore une place dans la (second) **seconde** voiture.

1. C'est la (premier) .... fois que je viens en France.

2. Les (premier) .... étudiantes vont arriver à 8h00.

3. Je ne veux pas faire une (second) .... erreur.

4. Je vais envoyer une (troisième) .... lettre.

5. C'est la (dernier) .... fois que nous nous rencontrons.

6. Est-ce que je peux faire un (dernier) .... essai.

7. Il habite à Paris, dans le (premier) .... arrondissement.

8. Je voudrais un (second) .... café, s'il vous plait.

9. Les (dernier) .... exercices sont faciles.

LA QUANTITÉ
···
L'INTENSITÉ

un peu de
beaucoup de   + nom
une tasse de, ...

J'ai **trop** de travail mais pas **assez** d'argent...

assez de	⇨ J'ai juste **assez d**'argent pour acheter mon billet de train.
beaucoup de	⇨ Elle a **beaucoup de** copains car elle est très sympathique.
trop de	⇨ Je n'aime pas ta cuisine, tu mets toujours **trop de** sel.
un peu de (une petite quantité de)	⇨ Tu as **un peu de** temps pour faire du sport ?
peu de (le contraire de beaucoup de)	⇨ J'ai **peu de** temps, j'ai vraiment trop de travail !
une bouteille de	⇨ Je voudrais **une bouteille de** lait.
un paquet de	⇨ Achète **un paquet de** bonbons !
un kilo de, une tasse de, une boite de, etc.	

Exercice 1

*Complétez avec **assez de, beaucoup de, peu de, un peu de, trop de** :*

◆ Exemple : Il a **beaucoup de** chance : il a gagné au loto.

1. Dans un magasin :

   C'est combien ? 69 francs ? Attendez... voilà 50 francs, 60 francs, 62, 63, 65. Oh ! Excusez-moi, je n'ai pas
   .... argent, j'ai seulement 65 francs !

2. À la maison, dans la cuisine :

   Bon, maintenant tu vas ajouter du sel, du poivre et de la moutarde. Attention, ne mets pas .... moutarde.
   Une cuillerée, ça suffit.

3. Je ne sais pas combien il y a de personnes ce soir au concert de Patrick Bruel, mais il y a vraiment
   .... spectateurs ! 7 000, 8 000, plus peut-être.

4. Elle habite seule et ne sort pas souvent. Elle ne connait personne. Elle a .... amis et seule sa fille vient
   la voir.

5. Garçon, pourriez-vous nous apporter .... pain, s'il vous plait ?

6. Je dois aller à la poste. Je n'ai pas .... timbres pour affranchir cette lettre pour l'étranger.

Exercice 2

*Complétez avec **peu de (d')** ou **un peu de (d')** :*

◆ Exemples : Ajoute **un peu de** citron, ton cocktail sera meilleur.

   Elle est triste car elle a **peu d'**amis.

1. Il y a .... livres en portugais dans la bibliothèque de l'école, seulement trois ou quatre.

2. Aujourd'hui, il y aura .... étudiants dans les cours ; les chauffeurs de bus sont en grève.

3. Cette année à l'école primaire, les enfants vont faire .... informatique pour être capables d'utiliser un ordinateur plus tard.

4. La situation économique est difficile : il y a .... travail pour les jeunes et ils sont donc assez pessimistes.

5. Oui, je veux bien vous parler, mais faites vite, j'ai .... temps.

6. Si vous avez des problèmes avec votre banque, venez me voir, je vous donnerai .... argent.

7. L'hiver arrive : aujourd'hui, il est tombé .... neige dans les Alpes.

8. C'est bien, tu as travaillé. Il y a .... erreurs dans tes exercices de grammaire.

9. Est-ce que vous voulez .... fromage pour finir le repas ?

10. Mon appareil-photo fonctionne mal. Tant pis, je vais prendre .... photos.

11. Si tu veux, il y a .... bière au frigo.

12. Je ne regarde pas souvent la télévision ; il y a .... programmes intéressants.

Exercice 3

Répondez aux questions selon les exemples :

◆ Exemples : Tu as de l'argent ? (peu) ⇨ J'ai **peu** d'argent.

               Tu lis des romans ? (pas beaucoup) ⇨ Je ne lis pas **beaucoup** de romans.

1. Paul boit de la bière ? (beaucoup) ⇨ ....

2. As-tu une cigarette, s'il te plait ? (plus beaucoup) ⇨ ....

3. Christine a du temps libre ? (pas assez) ⇨ ....

4. Elle a du charme ? (vraiment beaucoup) ⇨ ....

5. Tu as mis du sel sur les frites ? (un peu) ⇨ ....

6. Il y a du bruit dans la rue ? (trop) ⇨ ....

7. Le professeur a donné des explications ? (peu) ⇨ ....

8. Tu connais des gens à l'étranger ? (beaucoup) ⇨ ....

9. Vous avez du pain, ça va ? (assez) ⇨ ....

10. Tu prends du café à la fin des repas ? (trop) ⇨ ....

Exercice 4

Associez le contenant et le contenu pour retrouver des objets bien français, puis écrivez votre résultat :

Contenants	Contenus	Résultat
1. une tasse	a. des cigarettes	**1.** une tasse de café
2. une bouteille	b. de la crème	**2.**
3. un paquet	c. du dentifrice	**3.**
4. une coupe	d. du café	**4.**
5. un sachet	e. des gâteaux	**5.**
6. un pot	f. du thé	**6.**
7. un tube	g. de l'huile	**7.**
8. une boite	h. du vin rouge	**8.**
9. un pichet	i. des fraises	**9.**
10. une barquette	j. du champagne	**10.**

Exercice 5

Transformez les phrases selon l'exemple :

◆ Exemple : Elle a acheté du vin. (un litre) ⇨ Elle a acheté **un litre** de vin.

1. Je voudrais du beurre. (250 grammes) ⇨ ....

2. Donnez-moi de l'eau minérale, s'il vous plait.
   (un verre) ⇨ ....

3. Tu veux de la tarte ? (une part) ⇨ ....

4. Ce matin, on a livré du sable pour aménager
   le parc zoologique. (une tonne) ⇨ ....

5. Prends donc du gâteau ! (un morceau) ⇨ ....

6. Nous allons prendre du vin blanc. (un pichet) ⇨ ....

7. Il me faut des œufs. (une douzaine) ⇨ ....

8. Je vais apporter des gâteaux secs pour le gouter
   des enfants. (un paquet) ⇨ ....

Exercice 6

*Complétez les dialogues avec **du**, **de la**, **de l'**, **des** ou **de (d')** :*

1. – Tu as tout ce qu'il faut pour faire ton gâteau au chocolat ?
   – J'ai .... farine, ... œufs, un paquet .... sucre, un sachet .... levure, mais je pense
   que je n'ai pas assez .... chocolat.

2. – Qu'est-ce que je dois acheter pour réaliser cette robe ?
   – Il vous faut deux mètres .... tissu, une bobine .... fil blanc, ... soie pour le bout des
   manches et .... boutons.

3. – Un kilo .... tomates, une livre .... abricots..., il vous faut autre chose ?
   – Oui, je vais prendre une botte .... radis, un petit kilo .... courgettes et un peu .... persil.

4. – J'ai acheté un magnifique bouquet .... fleurs pour ma mère : il y a .... roses rouges et beaucoup .... petites fleurs colorées. Et toi, tu as pensé à la fête des mères ?
   – Bien sûr, cette année, j'offre à maman une bonne bouteille .... champagne et une grosse boite
   .... foie gras. Elle adore ça !

un peu
assez   } + adjectif / adverbe
très, ...

Il est **assez** intelligent pour comprendre cette question.

Ma voiture est jolie mais elle ne roule pas **très** vite.

Parfois, il est **trop** exigeant, et même un **peu** désagréable.

Exercice 1

*Complétez les phrases avec **assez, très, trop, un peu,** suivant leur sens :*

◆ Exemple : Je n'aime pas ce tableau. Il est **trop** abstrait.

1. Monsieur Louis est bien .... vieux pour faire du sport comme avant.

2. Moi je ne peux pas, mais je pense que Michel est .... fort pour porter cette valise.

3. J'adore la littérature orientale ; c'est toujours .... intéressant de découvrir une autre culture.

4. Ce n'est rien, je ne suis pas malade, peut-être .... fatigué, c'est tout !

5. Quel bon comédien ! Il joue vraiment .... bien !

6. Je suis vraiment .... petit pour faire du basketball, alors je fais du handball.

7. Finalement, je n'ai pas été .... riche pour acheter l'encyclopédie qui me plaisait.

8. Je déménage car ce quartier est .... bruyant.

9. J'aime Hawaï parce que les étés sont .... chauds.

10. Je ne vous entends pas. Vous ne parlez pas .... fort.

Exercice 2

En vous servant de l'indication entre parenthèses, dites le contraire de ce qui est exprimé dans ces phrases :

1. – Votre français est très bon (pas assez) !

   – Ah ! Moi, je pense que mon français..................

   ....

2. – Je crois que Jacques est un peu malade (très).

   – Ah ! Moi, je crois qu'il..

   ....

3. – Ce cadeau est trop important pour la circonstance (pas assez).

   – Non, moi je pense qu'il...

   ....

4. – Le vin n'est pas assez frais (trop).

   – Ah ! Moi, je trouve que le vin.............................

   ....

5. – Il n'est pas assez stupide pour croire à cette histoire (trop).

   – Ah ! Moi, je crois bien qu'il.................................

   ....

6. – L'amie de Jeff est trop belle pour lui (pas assez)...

   – Je ne suis pas d'accord. Moi je pense qu'elle.......

   ....

7. – Cet homme est un peu étrange (très).

   – Oui, je trouve même qu'il.....................................

   ....

8. – Ce film est assez intéressant (pas très).

   – Moi, je pense que ce film.....................................

   ....

verbe + { un peu / beaucoup / trop, ... }

Ils discutent **beaucoup** avec leurs enfants.

J'ai **trop** parlé.

Attention à la place du quantitatif aux temps composés :

Cette fois, il exagère un peu. ⇨ Cette fois, il a **un peu** exagéré.

La nuit, il dort peu. ⇨ La nuit dernière, il a **peu** dormi.

Exercice 1

Répondez aux questions en vous aidant des indications entre parenthèses :

◆ Exemples : Vous mangez assez en ce moment ? (pas assez) ⇨ À vrai dire, je ne mange **pas assez.**

Vous mangez assez en ce moment ? (trop) ⇨ À vrai dire, je mange **trop !**

1. Vous cuisinez ? (un peu) ⇨ ....

2. Discutez-vous avec vos enfants ? (beaucoup) ⇨ ....

3. Avez-vous bien mangé hier soir ? (trop !) ⇨ ....

4. Est-ce que vous appréciez la vie en ville ? (peu) ⇨ ....

5. Tu as bien dormi cette nuit ? (pas assez) ⇨ ....

6. Aimez-vous regarder la télévision ? (beaucoup) ⇨ ....

7. Lisez-vous beaucoup pour préparer votre thèse ? (pas assez) ⇨ ....

8. Elle a pleuré quand il est parti ? (beaucoup) ⇨ ....

Exercice 2

Trouvez les questions pouvant correspondre aux réponses de la colonne de droite :

1. Tu peux me donner un peu de vin ?   A. Oui, car je n'ai pas assez voyagé dans le pays.

2. Alors, ce voyage en Asie ?   B. Oui, il m'a beaucoup informé sur l'histoire du pays.

3. Un peu de vin ?   C. Non, tu as trop bu !

4. On parle un peu tous les deux ?   D. Oui, elle n'a pas assez travaillé.

5. Tu as pu discuter avec le guide ?   E. Non merci, j'ai assez bu.

6. Vous regrettez les États-Unis ?   F. J'ai beaucoup apprécié la gentillesse des gens.

7. Elle a échoué à son examen ?   G. Un peu, mais pas trop car je n'ai pas beaucoup de temps.

1	2	3	4	5	6	7
C						

Exercice 3

Mettez les phrases au passé composé :

◆ Exemple : Il travaille assez aujourd'hui...   ⇨ Il a **assez** travaillé aujourd'hui...

1. J'aime beaucoup ce film.

   ⇨ ....

2. Le bébé dort assez.

   ⇨ ....

3. On voyage beaucoup pendant l'été.

   ⇨ ....

4. Elle est malade et elle maigrit beaucoup.

   ⇨ ....

5. Je travaille beaucoup sur mon ordinateur et j'ai mal à la tête.

   ⇨ ....

6. Il comprend bien le français.

   ⇨ ....

7. Elle regarde souvent la télévision et elle lit les journaux.

   ⇨ ....

Exercice 4

Transformez les phrases de l'exercice précédent à la forme négative :

◆ Exemple : Il a assez travaillé aujourd'hui...   ⇨ Il n'a **pas assez** travaillé aujourd'hui...

1. ....

2. ....

3. ....

4. ....

5. ....

6. ....

7. ....

beaucoup, très, trop

Elle a **beaucoup** de charme, elle est **très** jolie mais elle parle **trop** !

Exercice 1

*Complétez avec **très**, **beaucoup** ou **beaucoup de (d')** :*

◆ Exemples : La nouvelle directrice est **très** compétente.

   Je n'ai plus **beaucoup** d'argent pour finir le mois.

1. .... progrès ont été faits dans la recherche scientifique depuis quelques années.

2. Il fait .... froid dans ce restaurant ; partons !

3. Tournez .... lentement le bouton vers la droite, puis appuyez .... fort sur la poignée.

4. Cette femme est .... maigre car elle a eu une grave maladie et .... problèmes.

5. La secrétaire de monsieur Duglu parle .... , entasse .... papiers sur son bureau, mais ne semble pas .... efficace.

6. En français, je comprends .... mais je ne parle pas .... bien.

7. Les nouvelles du jour sont .... attristantes : .... bouleversements politiques, encore .... accidents sur nos routes cet été et enfin, un marché financier .... mauvais.

8. Bon élève, ... atouts pour réussir, ira surement .... loin.

9. C'est .... bon ; je trouve qu'il y a .... épices et le gout est .... original.

Exercice 2

*Complétez avec **trop**, **beaucoup** ou **beaucoup de (d')** :*

◆ Exemples : Ne parlez pas **trop** vite...

   Nous avons **beaucoup** voyagé en Amérique du Sud.

1. Mourad a .... aidé ses sœurs mais elles ont profité de lui ; il est .... gentil.

2. J'ai .... disques qui sont .... vieux et qu'on ne peut plus écouter.

3. .... touristes étrangers viennent en France durant l'été et c'est tant mieux !

4. Oh non, je suis encore puni, c'est .... injuste !

5. Ne partez pas .... tôt, il y aura .... circulation avant 18 heures.

6. On a inscrit .... étudiants dans ma classe, on ne peut pas .... parler en français.

7. Tu as mis .... piment, c'est .... fort pour moi !

8. Cette fille est .... jolie pour être honnête...

9. Lui, il parle ...., même un peu .... à mon avis.

10. .... femmes sont fatiguées : le travail, les enfants, la maison, etc. C'est .... !

11. En ce moment, je n'ai pas .... temps pour me distraire ; j'ai vraiment .... travail et je n'ai même pas le temps d'appeler mes amis.

Exercice 3

*Complétez avec **très**, **trop** ou **trop de (d')** :*

◆ Exemples : J'ai **trop** bu, j'ai la tête qui tourne.

Carl court **très** vite.

1. Il est .... séduisant, il a même .... succès parfois !

2. Il sort .... peu, il travaille .... !

3. Certains Français sont fiers de leur pays. Attention toutefois de ne pas être ..... prétentieux !

4. Chante-lui une chanson .... doucement pour qu'elle s'endorme.

5. J'ai .... fumé, j'ai mal à la tête.

6. Il y avait .... monde, on n'a pas pu voir les tableaux correctement.

7. Le directeur ? Tu vas le repérer : il est .... grand et il parle .... fort.

8. Il ne faut pas .... parler avant d'être sûr de quelque chose.

9. Il fait .... froid pour rester dehors ; en plus, nos vêtements ne sont pas .... chauds.

10. Julie est .... petite, un peu .... ronde mais .... jolie.

11. Le directeur a reçu ma lettre .... tard, tant pis pour moi.

12. Tu es toujours .... sûr de toi, c'est bien mais parfois je te trouve .... intransigeant.

Exercice 4

*Complétez les phrases avec **beaucoup**, **beaucoup de (d')**, **très** ou **trop**.*

1. Je suis certain qu'il ne pourra pas comprendre cette thèse ; il est .... stupide.

2. Oh ! Le beau bouquet ! Merci, c'est vraiment .... gentil !

3. Après trois semaines de vacances, il me reste encore .... argent ; quelle bonne surprise !

4. Cette veste est .... élégante mais, hélas ! Elle est .... chère pour moi.

5. Il allait .... vite et il a eu un accident !

6. Achète plutôt deux pizzas, tu sais que les garçons mangent .... !

7. Je vois .... bien avec mes nouvelles lunettes.

8. C'est fini entre nous, je pars... Ne dis rien, c'est .... tard !

9. Depuis sa maladie, Annick a .... changé ; elle est .... fatiguée.

10. J'ai des maux de tête chroniques ; mon médecin dit que je suis .... stressée !

11. Il faut .... sucre dans ce gâteau, mais ne mets pas .... de miel, ce serait .... écœurant.

12. Philippe est .... agréable ; je l'aime .... , peut-être même que je l'aime .... ?...

L'
ADJECTIF

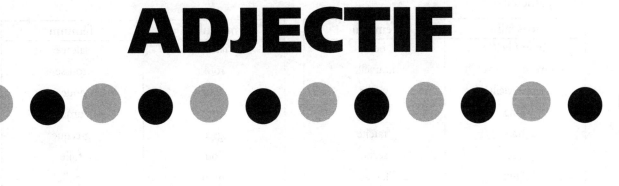

L'adjectif qualificatif : masculin ou féminin ?

Le petit garçon et la jolie petite fille jouent dans le sable.

• Cas généraux :

	masculin	féminin
Le plus souvent on ajoute **e** au masculin	égal	égale
	grand	grande
	fatigué	fatiguée
Adjectifs terminés par **-e** : pas de changement	facile	facile
	belge	belge
On double la consonne finale	actuel	actuelle
	bon	bonne
-if ➪ -ive	vif	vive
-er ➪ -ère	fier	fière
-eux ➪ -euse	sérieux	sérieuse
-eur ➪ -euse	rêveur	rêveuse
-c ➪ -che	blanc	blanche

• Cas particuliers :

masculin	féminin
beau / bel(*)	belle
nouveau / nouvel(*)	nouvelle
vieux / vieil(*)	vieille
long	longue
frais	fraiche
sec	sèche
faux	fausse

masculin	féminin
jaloux	jalouse
roux	rousse
doux	douce
turc	turque
grec	grecque
fou	folle
mou	molle

(*) Devant un nom masculin qui commence par une voyelle ou un « h muet » : bel, nouvel, vieil :

un bel homme / un nouvel appartement / un vieil ami.

Exercice 1

Mettez au féminin :

◆ Exemple : Il est petit. ➪ Elle est petite.

1. Il est sympathique. ➪ ....

2. Il est connu. ➪ ....

3. Il est fameux. ➪ ....

4. Il est génial. ➪ ....

5. Il est sportif. ➪ ....

6. Il est moqueur. ➪ ....

7. Il est grippé. ➪ ....

8. Il est cher. ➪ ....

9. Il est doux. ➪ ....

10. Il est gros. ➪ ....

11. Il est mignon. ➪ ....

12. Il est franc. ➪ ....

Exercice 2

Mettez au féminin :

◆ Exemple : Pierre est grand et sportif ⇨ Marie est grand**e** et sporti**ve**.

1. Il est petit et blond. ⇨ Elle est .... et ....

2. Pierre est intelligent mais très réservé. ⇨ Sylvie est .... mais très ....

3. Ton riz est bon, mais un peu chaud ... ⇨ Ta purée est .... mais un peu ....

4. J'ai acheté un pantalon noir. ⇨ J'ai acheté une robe ....

5. Il est encore triste parce qu'il est amoureux. ⇨ Elle est encore .... parce qu'elle est ....

6. Cet exercice n'est pas difficile, il est très simple ! ⇨ Cette leçon n'est pas ...., elle est très ....

7. Urs est suisse, Markus est allemand. ⇨ Andrea est ...., Eva est ....

8. Il est célèbre et très heureux. ⇨ Elle est .... et très ....

9. C'est un problème banal mais douloureux. ⇨ C'est une histoire .... mais ....

10. C'est un joli fauteuil bas. ⇨ C'est une .... table ....

Exercice 3

Même exercice :

◆ Exemple : C'est un vieux copain ⇨ C'est une **vieille** copine.

1. Nikos est grec. ⇨ Theodora est ....

2. Ce lit est un peu mou. ⇨ Cette banquette est un peu ....

3. Je voudrais un jus de fruits bien frais. ⇨ Je voudrais une boisson bien ....

4. Mon polo n'est pas sec. ⇨ Ma jupe n'est pas ....

5. Quel bel avion ! ⇨ Quelle .... montgolfière !

6. Goute ce vin, il est très doux. ⇨ Goute cette liqueur, elle est très ....

7. Le paysage est très beau ... ⇨ La nature est très ....

8. Ce projet est un peu fou ... ⇨ Cette idée est un peu ....

Exercice 4

Complétez les phrases comme dans l'exemple :

◆ Exemple : (faux) C'est une **fausse** adresse.

1. (**doux**) J'écoute de la musique ....

2. (**fou**) Cet homme est complètement .... !

3. (**vieux**) Mon .... appareil photo ne fonctionne plus.

4. (**roux**) Charlotte a changé, maintenant elle est ....

5. (**nouveau - gentil**) Ma .... voisine est très ....

6. (**beau - long**) Cette robe est très ...., mais je la trouve un peu trop ....

7. (**vieux**) Mon .... aspirateur est en panne.

8. (**grec**) Bruno m'a rapporté une jolie statue .... de son voyage.

L'adjectif qualificatif : singulier ou pluriel ?

*Il aime le bon vin et les bonn**es** recettes ancienn**es**.*

• Cas généraux

	singulier	pluriel
Le plus souvent on ajoute **s** au singulier	grand jolie	grand**s** jolie**s**
Adjectifs terminés par **-s** ou **-x** : pas de changement	chinois amoureux	chinois amoureux
-al ⇨ -**aux** (*)	international spécial	internation**aux** spéci**aux**
-eau ⇨ -**eaux**	nouveau	nouv**eaux**

(*) Mais : glacial-glacials / fatal-fatals / banal-banals / natal-natals.

• Cas particuliers :

– Dans les groupes composés de noms masculins et féminins, l'adjectif est **toujours au masculin**

> Anne, Sophie, Marie et Richard sont très gran**ds**.

– Certains adjectifs de couleur sont **invariables** :

. les adjectifs formés sur des noms communs :

> des chaussures marron / des foulards abricot / des chemises orange

. les adjectifs composés :

> des yeux bleu marine (mais des yeux bleus).

– Cas de **on** :

. on = nous ⇨ accord en genre et en nombre :

> Francesca et moi, **on** est **italiennes**.

. on = les gens ⇨ accord masculin, singulier :

> En France, **on** est **amateur** de bon vin.

. on = un homme ou une femme ⇨ accord en genre et en nombre, singulier :

> Quand **on** est **belle** comme elle, **on** n'est pas forcément **prétentieuse**.

• •

Exercice 1

Mettez au pluriel :

◆ Exemples : J'ai un petit frère.   ⇨ J'ai **des petits frères.**

1. C'est une belle fille.   ⇨ Ce sont des ....

2. Regarde la petite souris !   ⇨ Regarde les ....

3. Mon ami est anglais. ⇨ Mes amis sont ....

4. Nous avons un grand bureau. ⇨ Nous avons des ....

5. Voilà une mission très spéciale. ⇨ Voilà des ....

6. C'est un rendez vous international. ⇨ Ce sont des ....

7. Il est original, ce nouveau bar ! ⇨ Ils sont .... ces .... bars !

8. J'ai acheté un pantalon bleu. ⇨ J'ai acheté des ....

9. C'est un étudiant très sérieux. ⇨ Ce sont des ....

10. C'est une situation idéale. ⇨ Ce sont des ....

Exercice 2

Même exercice :

◆ Exemples : un vol international ⇨ des vols international**aux**

une nouvelle internationale ⇨ des nouvelles internationales

1. un petit garçon ⇨ .... une petite fille ⇨ ....

2. un vêtement français ⇨ .... une voiture française ⇨ ....

3. un beau roman ⇨ .... une belle histoire ⇨ ....

4. un plat régional ⇨ .... une recette régionale ⇨ ....

5. un acteur célèbre ⇨ .... une actrice célèbre ⇨ ....

6. un homme heureux ⇨ .... une femme heureuse ⇨ ....

7. un mot précis ⇨ .... une phrase précise ⇨ ....

8. un spectateur ravi ⇨ .... une spectatrice ravie ⇨ ....

Exercice 3

Complétez les phrases avec l'adjectif entre parenthèses. Faites les accords nécessaires :

◆ Exemples : (jeune) Ces enfants sont très **jeunes.**

(amical) J'ai des rapports très **amicaux** avec mes voisins.

1. (bavard) Mes deux enfants sont très ....

2. (jeune - nerveux) Les deux .... acteurs étaient ....

3. (nouveau) Ils sont ...., tes rideaux ?

4. (prêt) Êtes-vous ...., Messieurs ?

5. (roux) Dans sa famille, tous les enfants sont ....

6. (satisfait) Nous sommes .... de votre travail.

7. (sentimental) Les hommes sont aussi .... que les femmes.

8. (beau) Ces dessins sont vraiment ....

Exercice 4

Même exercice :

◆ Exemples : (gentil) La boulangère est **gentille**.

(beau) Ces bijoux sont **beaux**.

1. (élégant) Ce mannequin a beaucoup d'allure ; il est très ....

2. (sportif) Anna n'est pas du tout ....

3. (beau) Les livres de cette collection sont toujours ....

4. (nouveau) Mon père est très satisfait de sa .... situation professionnelle.

5. (heureux) Ma cousine est très .... avec son mari.

6. (actuel) Les circonstances .... sont plutôt mauvaises.

7. (américain - canadien) Linda n'est pas ...., elle est ....

8. (paresseux) Jean-Luc et Christophe n'étudient pas assez ; ils sont très ....

9. (ancien) Nous avons trouvé une belle commode .... chez un antiquaire.

10. (souriant) La femme de Paul est toujours .... ; c'est agréable !

11. (moderne) Je déteste les maisons ....

Exercice 5

Même exercice :

◆ Exemple : (marron) Gilles a les yeux **marron**.

1. (vert amande) Elles sont jolies ces chaussettes ....

2. (noir) Je vais mettre mes chaussures ....

3. (rose) Très drôle ta cravate .... !

4. (orange) Je déteste les voitures .... !

5. (framboise-jaune paille) En été, je porte des pantalons .... ou ....

6. (bleu) Elle a mis des jolis rubans .... dans les cheveux de sa petite fille.

7. (bleu pâle) Elle a mis des rubans .... dans les cheveux de sa petite fille.

8. (noisette) Ornella a de magnifiques yeux ....

Exercice 6

Même exercice :

1. (intéressé) En Italie, on est très .... par le football.

2. (petit-brun) Dans ma famille, on est tous .... et ....

3. (attiré) Philippe et moi, on est très .... par l'art en général.

4. (suisse) Françaises ? Non, Sabine et moi, on est ....

5. (content) On est tous très .... que vous veniez nous voir dimanche prochain.

6. (marié) Moi, je suis mariée, ma sœur aussi ; on est .... depuis dix ans déjà.

7. (bavard) Au Japon, en général, on est moins .... qu'en France.

8. Quand on est (intelligent) .... comme toi, Marie, on tente de faire de hautes études.

La place de l'adjectif qualificatif
une **belle** femme / une femme **intelligente**
un **grand** immeuble / un immeuble **moderne**

• L'adjectif se place le plus souvent après le nom : une femme intelligente / des enfants curieux.

• Certains adjectifs courts et très courants, sont le plus souvent avant le nom :

  beau, joli, gros, grand, petit, jeune, vieux, bon, mauvais, premier, prochain(*), dernier(*)

(*) *Attention* : la dernière lettre mais le mois dernier, l'année dernière / le prochain bus mais l'année prochaine, le mois prochain.

Exercice 1

Remettez dans le bon ordre le nom et l'adjectif et faites les accords nécessaires :

◆ Exemples : une voiture / vieux   ⇨ *une **vieille** voiture*

1. bon / une amie   ⇨ ....   6. suivant / le mois   ⇨ ....
2. mauvais / une note   ⇨ ....   7. gros / une salade   ⇨ ....
3. ennuyeux / une histoire   ⇨ ....   8. vieux / une carte postale ⇨ ....
4. étranger / une étudiante   ⇨ ....   9. dernier / le métro   ⇨ ....
5. prochain / le train   ⇨ ....   10. original / un film   ⇨ ....

Exercice 2

Même exercice :

◆ Exemples : intelligent / des journalistes   ⇨ des journalistes **intelligents**

1. jeune / des filles   ⇨ ....   6. chaud / des étés   ⇨ ....
2. intéressant / des conférences ⇨ ....   7. mince / des femmes   ⇨ ....
3. beau / des bébés   ⇨ ....   8. spécial / des endroits   ⇨ ....
4. nouveau / des uniformes   ⇨ ....   9. libanais / des enfants   ⇨ ....
5. passionnant / des professions ⇨ ....   10. sportif / des hommes   ⇨ ....

Exercice 3

Remettez les phrases suivantes dans l'ordre :

◆ Exemple : J'ai / intéressants /livres / acheté / des   ⇨ J'ai acheté des livres **intéressants**.

1. Elle / habite / dans / belle / ville / une   ⇨ ....
2. Je / travaille / brésiliens / avec / collègues / des   ⇨ ....
3. Il /délicieux / a fait / des / gâteaux   ⇨ ....
4. Est-ce que / as vu / dernier / tu / le / film / Claude Sautet ? / de   ⇨ ....
5. Nous / la / partons / semaine /en vacances / prochaine   ⇨ ....
6. Mets / vert / chemisier / joli / ton   ⇨ ....
7. Elle / de / vernies / chaussures / porte / belles   ⇨ ....
8. Le / dernier / pour / Marseille / train /à huit heures cinq / part ⇨ ....

LES
...
PRONOMS

je, tu, il ...

Vous aimez le cinéma ? Non, **je** préfère le théâtre.

Le pronom personnel sujet

• Le pronom sujet remplace un nom ; il est toujours suivi d'un verbe.

   Je suis français.

   Paul est américain ; **il** parle anglais.

je (j')	J'habite à Paris.
tu	**Tu** habites à Paris.
il / elle / on(*)	**Il** habite à Paris.
nous	**Nous** habitons à Paris.
vous	**Vous** habitez à Paris.
ils / elles	**Ils** habitent à Paris.

(*) **On** peut remplacer :

   – nous   ⇨   On part en vacances samedi prochain.

   – les gens   ⇨   On parle français dans de nombreux pays d'Afrique.

   – quelqu'un ⇨   On sonne à la porte.

Exercice 1

*Complétez les phrases avec **je, tu, elle, nous, vous, ils** :*

1. .... avons beaucoup de travail.

2. .... regardez la télévision.

3. .... sortez ce soir ?

4. .... déjeunent ensemble au restaurant.

5. .... préfères le tennis ou le squash ?

6. .... parlent beaucoup trop pendant les cours...

7. Vas-......... à la patinoire demain ?

8. .... n'ai plus d'argent, ... suis très ennuyée.

9. .... part demain au Zimbabwe.

10. .... mangeons beaucoup de produits exotiques.

Exercice 2

Même exercice :

1. Dominique et Hervé ont un beau petit garçon ; .... sont très contents.

2. Moi, ... suis espagnole et .... viens de Malaga.

3. Je vais boire une bière au petit café du coin ; Claire, ... veux venir avec moi ?

4. J'adore la petite Clara : .... est drôle et très affectueuse.

5. Les infirmières font un métier difficile mais .... ne gagnent pas beaucoup d'argent.

6. .... cherchez quelque chose, Monsieur ?

7. Mercredi prochain, ... faisons une petite fête pour célébrer l'anniversaire de Naoko.

8. Regarde comme .... sont beaux, ces petits chats !

9. .... sais nager ?

10. .... est grande et belle.

Exercice 3

Reformulez les phrases en utilisant **on** :

◆ Exemple : **Nous prenons** cette lampe. ➭ **On prend** cette lampe.

1. Dans cette entreprise, <u>les employés travaillent</u> même le samedi.

   ➭ ....

2. <u>Quelqu'un chante</u> dans la salle voisine.

   ➭ ....

3. <u>Nous partons</u> à Paris demain et <u>nous allons</u> visiter plein de beaux endroits !

   ➭ ....

4. <u>Les gens pensent</u> que la recherche médicale avance à grands pas.

   ➭ ....

5. <u>Nous continuons</u> ou <u>nous arrêtons</u> tout ?

   ➭ ....

6. <u>Nous n'avons</u> vraiment <u>pas</u> de chance ...

   ➭ ....

7. <u>Quelqu'un téléphone</u> tout de suite à Christophe pour l'inviter.

   ➭ ....

8. En France, <u>les gens veulent</u> de meilleures conditions de vie.

   ➭ ....

• • • • • • • • • • • • • •

moi, toi, lui, eux...
moi aussi, toi non plus
elles-mêmes...

Lui, c'est mon professeur de piano.

Tu viens avec **nous** ?

J'adore la mer ! **Moi** aussi !

La forme accentuée des pronoms

je	moi
tu	toi
il, elle	lui, elle
nous	nous
vous	vous
ils, elles	eux, elles

• Pour mettre en relief un autre pronom

    Moi, je suis parisien.   **Eux,** ils sont stupides !

    Lui est colombien, mais **elle,** elle est mexicaine.   On part demain, **nous** !

• Après **c'est, ce sont** :

    Qui est-ce ? C'est **moi** !   Qui a pris mes clés ? C'est **elle** !   Ce sont **elles** qui ont gagné ? Non, ce sont **eux** !

• Dans les réponses (phrases sans verbe) :

    Qui veut venir ? **Moi** !

    Qui va finir le gâteau ? **Pas moi,** merci.

• Dans les cas de coordination :

    Yves et **moi** travaillons dur pour gagner notre vie.

    Les sujets sont souvent repris par un pronom personnel pluriel :

    Toi et moi partirons à 9 heures.   ⇨ Toi et moi, **nous** partirons à 9 heures.

    Elle et moi avons pris un café turc.   ⇨ Elle et moi, **nous** avons pris un café turc.

• Après une préposition (**à, de, par, pour, avec, chez...**)

    Tu viens avec **moi** ?   Je ne pars pas sans **lui**.   J'ai un cadeau pour **vous**.

• Dans la comparaison :

    Elle est plus intelligente que **lui**.   Ils ont plus d'argent que **nous**.

• Avec **aussi, non plus** :

    – Je suis contente de partir en vacances.   – Je n'aime **pas** du tout cette musique. Et vous ?

    – **Moi aussi** !   – **Moi non plus.** Ça me casse les oreilles !

• Avec **même** :

    – Le directeur a répondu **lui-même** à ma lettre.

    – Nous ferons ce travail **nous-mêmes**.

    – Elle a beaucoup de chagrin. **Moi-même**, je ne peux pas oublier cet homme exceptionnel.

Exercice 1

Transformez selon les exemples :

◆ Exemples : Je joue au baseball. Et Mark ?   ⇨ ***Lui****, il ne joue pas au baseball.*

          Ton frère arrive demain. Et tes sœurs ?   ⇨ ***Elles****, elles n'arrivent pas demain.*

1. J'aime beaucoup la musique grunge. Et toi ?

    ⇨ ....

2. Nous partirons lundi. Et vos sœurs ?

    ⇨ ....

3. Hervé a peur des serpents. Et ses frères ?

    ⇨ ....

4. J'irai au cinéma ce soir. Et les filles ?

    ⇨ ....

5. Nous prenons le taxi pour rentrer. Et vous ?

    ⇨ ....

6. Franck a visité les États-Unis d'est en ouest. Et Claude ?

    ⇨ ....

7. Nous apprécions les nouveaux voisins. Et tes parents ?

    ⇨ ....

8. Je suis en colère contre le maire de notre ville. Et toi ?

    ⇨ ....

Exercice 2

Associez les questions et les réponses :

1. C'est encore lui qui a choisi ?	A. Lui, il est professeur de grec.
2. Elles sont algériennes ?	B. C'est moi, pardon maman...
3. Qu'est-ce qu'il fait dans la vie ?	C. Non, cette fois, c'est moi qui ai décidé !
4. Qui a écrit sur le mur du salon ?	D. Nous, nous apprécions les gouts exotiques.
5. Moi, je vais à la piscine. Et toi ?	E. Moi !
6. Quelle cuisine aimez-vous ?	F. Elles ? Je crois plutôt qu'elles sont tunisiennes.

7. Qui vient faire du vélo avec moi ?

8. Ce sont vos amies ?

G. Elles ? Ah non ! Ce sont mes trois sœurs.

H. Moi, je préfère lire tranquillement dans mon fauteuil.

1	2	3	4	5	6	7	8
C							

Exercice 3

Complétez les phrases avec le pronom qui convient :

1. Pardon Madame, la place à côté de .... est libre ?

2. – Regarde ! Les petits voisins s'en vont au parc.

   – Je veux aller avec .... !

3. – Tu habites loin de chez Martin ?

   – Pas du tout, j'habite tout près de chez .... !

4. – Tu n'oublies pas de donner ma lettre au professeur ?

   – Tu peux avoir confiance en ...., je pense à tout !

5. Monsieur, je peux m'en aller ou vous avez encore besoin de .... ?

6. Ah ! Vous avez une petite fille ; mais qui s'occupe de .... pendant que vous travaillez ?

7. Viens avec .... chéri, tu sais bien que je n'aime pas sortir sans .... !

8. Tenez, c'est un petit cadeau pour ....

9. – Mince ! j'ai encore perdu mes clés.

   – Ouvre les yeux, elles sont devant ...., là, devant ton nez !

10. Prends un peu d'argent sur ...., on ne sait jamais.

Exercice 4

Même exercice :

1. Sophie et .... adorons partir aux sports d'hiver en février.

2. Ta sœur et ...., vous avez exactement le même sourire.

3. – Tu fais toujours du tennis ? Et tu joues souvent avec Marc-Antoine ?

   – Oui, je joue avec .... tous les mardis soirs.

4. Dans cette classe, les filles ne sont pas les meilleures. Edgar travaille mieux que ....

5. ...., tu adores la viande, mais, ..., je déteste ça, on pourrait aller dans un restaurant végétarien !

6. – C'est Pierre qui fait tout ce bruit là-haut ?

   – Oui, c'est .... !

7. Mathieu est grand et blond alors que son frère, ..., est plutôt petit et châtain.

8. – Votre frère est plus jeune que .... ?

   – Oui, il n'a que seize ans ; en revanche, il est plus grand que ....

Exercice 5

Même exercice :

1. C'est vrai ? Tu adores ma robe ? Je l'ai faite ....-même.

2. – Tu ne manges pas de viande ! Et ta femme ?

– .... non plus.

3. Nous avons réduit les dépenses dans notre nouvelle maison : nous avons tapissé ....-mêmes les chambres et Jean-François a fait ....-même tous les travaux d'électricité.

4. – Mon mari et .... adorons aller au restaurant. Jacques et toi aussi ?

– Oui, ... aussi ! Nous adorons ça !

5. Il n'a pas besoin de médecin ; il fait toujours ....-même ses diagnostics.

6. – Les moniteurs ont aidé les filles à monter leurs tentes ?

– Non, elles les ont montées ....-mêmes !

7. Les élèves ont corrigé et noté ....-mêmes leurs devoirs écrits.

8. – Quelle étrange musique ! Je n'aime pas du tout. Et toi ?

– Ah ! .... non plus !

9. – Claudine n'habite plus à Tours depuis longtemps ; et son frère ?

– .... non plus. Je crois qu'il est à Angers maintenant.

10. – Antoine, réponds au téléphone, s'il te plait !

– Réponds ....-même, je suis occupé !

Exercice 6

Reprenez les énoncés en imitant un des deux exemples :

◆ Exemples : Je fais du judo.   ⇨ **Moi aussi,** je fais du judo.

    Nous ne partons pas en vacances.   ⇨ **Nous non plus,** nous ne partons pas en vacances.

1. J'aime les gens simples.   ⇨ ....

2. Nous avons acheté le dernier disque de Baschung. ⇨ ....

3. Nous ne connaissons pas ces gens.   ⇨ ....

4. Je ne fume plus.   ⇨ ....

5. Nous n'irons plus chez ce médecin.   ⇨ ....

6. J'ai fini mes devoirs !   ⇨ ....

7. Nous partirons demain.   ⇨ ....

8. Nous ne voulons pas de conflits.   ⇨ ....

9. Je ne voyage jamais.   ⇨ ....

10. Nous étions très en colère !   ⇨ ....

me / te / le / la / les...

Madame Launet ? Oui, je **la** connais très bien !

Nous **t'**avons attendu toute la nuit...

Le pronom complément d'objet direct

• Le pronom complément d'objet direct remplace un nom et répond à la question « quoi ? » ou « qui ? ». On l'utilise pour éviter de répéter le nom. On le place généralement devant le verbe :

Je connais **Pierre**. ⇨ Je **le** connais, je l'aime beaucoup.

J'aime **les animaux**. ⇨ Je **les** aime.

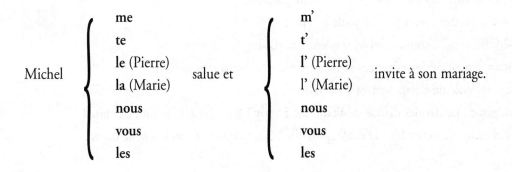

Michel
- me
- te
- le (Pierre)
- la (Marie)
- nous
- vous
- les

salue et

- m'
- t'
- l' (Pierre)
- l' (Marie)
- nous
- vous
- les

invite à son mariage.

● ●

Exercice 1

Complétez les phrases avec le pronom qui convient :

1. – Où est Mathieu ? Il n'est pas dans sa chambre ?
   – Il est dans le salon, il regarde la télévision.
   – Il est encore devant la télé ! C'est trop, il .... regarde tous les soirs !

2. – Vous avez vos billets de train ?
   – Bien sûr, je .... ai mis dans la petite poche du sac à dos.

3. – Alors, qu'est-ce que tu fais avec ce pull-over, tu te décides ? Tu .... essaies ou tu .... reposes dans le rayon ?

4. – Madame, je crois que je comprendrai mieux si je fais plus d'exercices.
   – Ah bon ! Tenez, voilà quelques exercices ; vous .... faites, vous me .... donnez demain et je ....
   corrigerai.

5. – Bon, la casquette américaine, vous .... prenez ou je .... range ?

6. – Qu'est-ce que je vais faire avec tous ces bonbons, moi qui n'aime pas ça ?
   – Ce n'est pas difficile, donne- .... à tes petits voisins !

7. – Chérie, tu as pris le parapluie ?
   – Non. Tu crois qu'il va pleuvoir ? On .... prend ?

8. – Maria, vous pourrez vous occuper des plantes vertes pendant nos vacances ?
   – Bien sûr, Madame, je .... arroserai et je .... mettrai un peu sur le rebord de la fenêtre.

9. – J'aimerais bien connaitre tes enfants. Tu n'as pas de photos ?

– Si, je .... photographie tout le temps...

10. – On pourrait aller à Antibes, mais je ne sais pas si Annie aime la Méditerranée.

– Moi, je suis sûr qu'elle .... adore.

Exercice 2

Même exercice :

◆ Exemple : J'achète ce disque ; je vais l'offrir à mon frère.

1. Oh ! Le joli chapeau ! Tu ...... mets aujourd'hui ?

2. J'ai encore perdu mes lunettes ; je .... oublie partout...

3. Il sait écrire le russe, mais il .... parle très peu.

4. Anne-Marie, tu .... connais bien les nouveaux voisins ?

5. J'ai encore rencontré Jean-Jacques et Brigitte ; je .... vois très souvent.

6. Cette symphonie de Beethoven, je .... adore.

7. Oh ! Regarde ! Le dernier disque de Françoise Hardy ! Je .... achète tout de suite !

8. Elle va chercher sa petite fille à l'école, puis elle .... emmène à son cours de danse.

Exercice 3

Complétez les phrases avec **me (m'), te (t'), nous, vous** :

◆ Exemple : Mon chéri, je **t'**invite à diner samedi soir.

1. Sourions, le photographe .... regarde !

2. Ma petite maman, je .... attends avec impatience.

3. Elle .... aime beaucoup, tes frères et toi.

4. Vous arrivez à 17 h 15, pas de problème, je .... attendrai à la gare.

5. Mademoiselle, je peux .... aider ?

6. Je ne comprends pas cet exercice. Pouvez-vous .... expliquer ce que je dois faire ?

7. Nous avons rendez-vous chez Évelyne et Jean-Marie à 20 heures. Ils .... invitent tous les trois.

8. Je suis troublée quand il .... regarde. Il me dit qu'il .... aime, mais je ne le crois pas.

9. Tu es en retard mais ce n'est pas grave, je .... excuse pour cette fois...

10. Chers auditeurs, nous .... remercions de choisir Délir'radio, la radio qui délire !

me, te, lui, leur ...

Je **lui** parle mais il ne **me** répond pas.

Mes parents ? Je **leur** téléphone toutes les semaines.

Le pronom complément d'objet indirect

Le pronom complément d'objet indirect remplace des noms désignant des personnes et répond à la question « à qui ? ». On utilise ces pronoms avec des verbes qui se construisent avec **à** : parler à, donner à, écrire à, plaire à ... On le place généralement devant le verbe :

Il parle à **Julie**. ⇨ Il **lui** parle.

J'ai téléphoné à **mes parents**. ⇨ Je **leur** ai téléphoné.

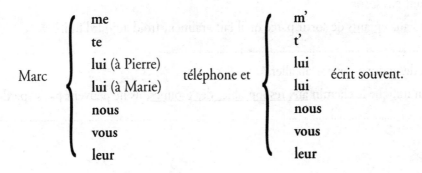

Marc	me		m'	
	te		t'	
	lui (à Pierre)	téléphone et	lui	écrit souvent.
	lui (à Marie)		lui	
	nous		nous	
	vous		vous	
	leur		leur	

• •

Exercice 1

Transformez les phrases selon l'exemple :

◆ Exemple : – Tu écris à Marion ?

– Oui, j'écris souvent **à Marion.** ⇨ Je **lui** écris souvent.

1. – Tu parles à ton professeur de français ?

   – Oui, je demande une explication <u>à mon professeur de français</u>.

   ⇨ ....

2. – Juliette est en train de lire *Le chevalier rouge* ?

   – Oui, elle l'aimait bien, alors j'ai prêté ce livre <u>à Juliette</u>.

   ⇨ ....

3. – Qu'est-ce que tu as dit à Philippe ?

   – Eh ben, comme tous les matins, j'ai dit bonjour <u>à Philippe</u>.

   ⇨ ....

4. – Tu ressembles plutôt à ta mère, non ?

   – Oui, on dit que je ressemble beaucoup <u>à ma mère</u>.

   ⇨ ....

5. – Qu'est-ce que tu vas offrir à tante Alice ?

   – Oui, je vais offrir cette bouteille <u>à tante Alice,</u> elle adore le bon vin !

   ⇨ ....

Exercice 2

Même exercice :

1. – Tu vois souvent Marie et Agnès ?

   – Oui, je rends visite à Marie et Agnès chaque samedi.

   ⇨ ....

2. – Tu as posé toutes ces questions à tes professeurs ?

   – Bien sûr, j'ai demandé <u>à mes professeurs</u> de m'aider et ils l'ont fait.

   ⇨ ....

3. – Bruno et Alexandra sont allés voir *Starmania* ?

   – Oui, j'ai conseillé ce spectacle <u>à Bruno et Alexandra,</u> j'étais certain qu'ils l'aimeraient.

   ⇨ ....

4. – Les enfants ne sont pas sortis ?

   – Non, j'ai défendu <u>aux enfants</u> de sortir parce qu'il fait vraiment froid aujourd'hui.

   ⇨ ....

5. – Les responsables des groupes savent où aller ?

   – Bien sûr, j'ai bien indiqué le chemin <u>aux responsables des groupes</u>, ils ne peuvent pas se perdre.

   ⇨ ....

Exercice 3

Complétez les mini-dialogues avec le pronom qui convient :

1. – À qui tu donneras ta collection de timbres ?

   – À toi, évidemment !

   – Vraiment, tu .... la donneras ?

2. – Pour qui sont ces fleurs ?

   – Vous êtes madame Dehaut ? Alors, je .... remets ce joli bouquet.

3. – Zut, je me suis encore trompé ! Antoine, tu .... prêtes ta gomme, s'il te plaît ?

4. – Je viens de chez mon psychiatre. Il .... écoute, et il .... parle aussi beaucoup. Il .... fait vraiment du bien.

5. – Bertrand et Patricia, avez-vous réussi à vendre votre maison ?

   – Non, on .... a fait une proposition, mais le prix était trop bas. On n'a pas accepté.

Exercice 4

*Complétez les phrases avec **lui** ou **leur** :*

1. Je suis fâchée avec Émilie et Gilles ; je ne .... parle plus du tout.

2. J'adore mon petit neveu, je .... offre toujours un petit cadeau pour son anniversaire.

3. Tu vas chez Brigitte ? Peux-tu .... dire que j'ai reçu son livre d'histoire.

4. Anne, je l'aime et je .... donne tout !

5. J'ai présenté Sylvie à Yves et je crois qu'elle .... plaît beaucoup...

6. Je n'ai pas téléphoné à Muriel, je .... ai écrit une longue lettre.

7. Les enfants peuvent comprendre ce problème ; il faut le .... expliquer, c'est tout !

le, la, l' ou lui ?
les ou leur ?

Je **l'**aime et je **lui** écris tous les jours
Je **les** connais bien, je **leur** parle tous les matins !

Exercice 1

Complétez les mini-dialogues avec **le**, **la**, **l'** *ou* **lui** :

1. – As-tu vu le dernier film d'André Téchiné ?

   – Oui, je .... ai adoré !

2. – Tu as demandé à Pauline de venir avec nous dimanche ?

   – Oui, je .... ai proposé la sortie en bateau mais elle n'a pas eu l'air enthousiaste.

3. – Avez-vous pensé à transmettre mes salutations à Monsieur Rouget ?

   – Non, mais je .... ai dit que vous pensiez souvent à lui.

4. – Tu écoutes beaucoup le dernier CD des *Négresses vertes* ?

   – Non, je ne .... écoute pas du tout en ce moment.

5. – Ça y est, la petite Agathe va déjà aller à l'école ?

   – Oui, nous .... avons inscrite hier.

6. – Tu prends ta bicyclette aujourd'hui ?

   – Je .... prends tous les matins pour aller travailler.

7. – Ton fils a compris son problème de mathématique ?

   – Non, son professeur va le .... expliquer aujourd'hui.

8. – Que feras-tu de ton appartement si tu dois changer de ville pour ton travail ?

   – Je .... vendrai, c'est tout !

Exercice 2

Complétez les mini-dialogues avec **les** *ou* **leur** :

1. – Ta grand-mère faisait des robes traditionnelles ?

   – Oui, et elle .... vendait au marché du village.

2. – Nathalie et Hervé ont demandé à leurs voisins de faire un peu moins de bruit ?

   – Oui, ils .... ont parlé gentiment et maintenant ils font moins de bruit.

3. – Qu'est-ce que tu as fait avec ces jeunes Africains au Nigéria ?

   – Je .... ai enseigné le français commercial.

4. – As-tu vu ses photos de voyages ?

   – Oui, je .... ai regardées avec un grand intérêt.

5. – Il faut aider les pauvres gens à se sortir de leur misère.

– Moi, je .... aide chaque fois que je peux ; je .... donne de la nourriture ou un peu d'argent.

6. – Avez-vous vu les clowns ?

– Oui, je .... ai trouvés vraiment drôles !

Exercice 3

Choisissez le pronom qui convient : ***le***, ***la***, ***l'***, ***les***, ***lui***, ***leur*** :

1. – Tu as écrit à Monique et Dominique ?

– Non, je ne .... ai pas écrit, mais je .... téléphonerai ce soir.

2. – J'ai envie d'offrir ce tableau à mes parents, qu'en penses-tu ?

– Je ...... trouve trop abstrait, je ne .... aime pas du tout. Regarde, on pourrait .... offrir ce tapis. Je suis sure qu'il .... plaira.

3. – Tu as des nouvelles de ton amie allemande ?

– Oui, je .... ai téléphoné samedi dernier et je .... ai raconté mes vacances au Maroc. Elle connait très bien ce pays ; elle .... a visité plusieurs fois.

4. Cette robe magnifique, je .... veux et je .... aurai !

5. Mes nouveaux voisins, je .... connais peu, mais je ne .... apprécie pas trop : je .... salue toujours, je .... souris, mais ils ne me répondent jamais.

6. – Tu veux le journal d'aujourd'hui ?

– Non merci, je .... ai lu ce matin au bar du coin.

Exercice 4

Même exercice :

1. – Est-ce que tu peux me prêter ta bicyclette dimanche prochain ?

– Je voudrais bien te .... prêter mais je .... ai déjà promise à Anne.

– Tu pourrais .... demander si elle en a vraiment besoin dimanche ?

– Oui, mais tu .... connais, c'est plus simple que tu .... téléphones.

2. – Tu ne dis pas bonjour à Geneviève et à Alain ?

– Non, nous sommes fâchés : je ne .... parle plus, je ne .... salue même pas.

3. – Je ne vois plus le joli chapeau que tu as rapporté de Bali.

– Non, je .... ai offert à Marie, elle .... aimait beaucoup et je voulais .... faire un cadeau pour son anniversaire.

4. –Finalement, vous .... prenez ou pas ce vase de Chine ?

– Oui, je .... prends ; vous me .... emballez, s'il vous plait ?

y / en

J'**y** vais.

Il **en** veut encore.

• **y**, complément de lieu :

Vas-tu **à Londres** chaque semaine ?	⇨ **Y** vas-tu chaque semaine ?
Elle n'est pas **au bureau.**	⇨ Elle n'**y** est pas.
Allez **chez le médecin** !	⇨ Allez-**y** !
Attention : Va dans la salle 17	⇨ Vas-**y** !

• **y**, complément d'objet indirect : y remplace un nom **non animé** (construction verbale avec **à**) :

Il pense **à ses études.**   ⇨ Il **y** pense.   Elle ne croit pas **à cette histoire.**   ⇨ Elle n'**y** croit pas.

• **en,** complément de lieu (provenance) :

Elle vient **de Suisse.**   ⇨ Elle **en** vient. Je sors à l'instant **du sauna.**   ⇨ J'**en** sors à l'instant.

• **en,** complément d'objet indirect : **en** remplace un nom **non-animé** (construction verbale avec **de**) :

Il parle **de son pays.**	⇨ Il **en** parle.
Elle ne s'occupe pas **des questions commerciales.**	⇨ Elle ne s'**en** occupe pas..
Souvenez-vous **de ce merveilleux séjour** !	⇨ Souvenez-vous **en** !
J'ai envie **d'un bon chocolat chaud.**	⇨ J'**en** ai envie.

• **en,** complément d'objet direct : **en** remplace un nom précédé de :

– un article indéfini (un, une, des)

– un article partitif (du, de l', de la)

– une expression de quantité (pas de, beaucoup de, un verre de, deux, trois...) :

Tu as **des bonbons** ?	⇨ Oui, j'**en** ai dans ma poche.
Vous buvez **du café** ?	⇨ Non, je n'**en** bois pas.
Il a **des frères** ?	⇨ Oui, il **en** a deux.
Tu manges beaucoup **de poisson** ?	⇨ Non, je n'**en** mange pas beaucoup, j'**en** mange un peu.

Attention : Achète des roses !   ⇨ Achètes-**en** !

● ●

Exercice 1

Afin d'éviter une répétition, transformez la deuxième phrase en utilisant un pronom :

◆ Exemple : – Tu ne vas pas souvent au cinéma.

– Si, je vais **au cinéma** une fois par semaine.   ⇨ Si, j'**y** vais une fois par semaine.

1. – Je suis inquiète, je n'ai pas vu Peter ce matin. Il n'est pas dans la classe.

– Mais si, il est <u>dans la classe</u>, je l'ai vu il y a cinq minutes !

⇨ ....

2. – Mais où est-ce qu'il court si vite ?

– Il a oublié son cartable à la maison. Il retourne vite <u>à la maison</u>.

⇨ ....

3. – Tu sais que tu as un cours d'aérobic à 12 h 30 ?

  – Oui je sais, je pense <u>au cours d'aérobic</u>. Regarde, mon sac est déjà prêt !

  ⇨ ....

4. – Comment va Jérome ? Il s'habitue bien à sa nouvelle vie ?

  – Non, justement il a beaucoup de mal à s'habituer <u>à sa nouvelle vie</u>.

  ⇨ ....

5. – Tu pars demain à la montagne ?

  – Oui, je vais <u>à la montagne</u> chaque fois que je peux. Je fais du deltaplane, j'adore ça !

  ⇨ ....

6. – Ta mère est consciente du problème ?

  – Oui, je pense qu'elle a bien réfléchi <u>au problème</u>.

  ⇨ ....

7. – À Rome, vous êtes allés à la fontaine de Trevi ?

  – Bien sûr, nous avons même jeté une pièce de monnaie <u>dans la fontaine</u>, comme le font tous les touristes.

  ⇨ ....

8. – Tu crois qu'il jouera encore au football la saison prochaine ?

  – Évidemment, qu'il jouera encore <u>au football</u> !

  ⇨ ....

9. – Markus a répondu à ton fax ?

  – Oui, il a répondu <u>à mon fax</u> dès qu'il l'a reçu.

  ⇨ ....

10. – Paul va à la bibliothèque tous les jours ?

  – Non, mais il va <u>à la bibliothèque</u> au moins trois fois par semaine.

  ⇨ ....

Exercice 2

*Même exercice mais en remplaçant l'élément souligné par le pronom **y** :*

◆ Exemple : – Vous avez répondu à ma question ?

  – Je pense que j'ai répondu à votre question. ⇨ Je pense que j'**y** ai répondu.

1. – Alors, c'était comment le camping des Flots Bleus ?

  – Horrible ! Nous ne retournerons jamais <u>dans ce camping</u> !

  ⇨ ....

2. – Monsieur le Directeur, votre proposition m'intéresse, cependant je dois réfléchir quelque temps.

  – C'est tout à fait normal, mademoiselle, vous réfléchissez <u>à ma proposition</u> et vous me donnez votre réponse en fin de semaine prochaine.

  ⇨ ....

3. – Tu penses à mes cassettes vidéo ?

  – Bien sûr que je pense <u>à tes cassettes</u>, je te les rapporterai demain.

  ⇨ ....

4. – Je suis très attiré par l'Asie.

– Êtes-vous déjà allés <u>en Asie</u> ?

⇨ ....

5. – Paul m'a invitée à sa soirée d'anniversaire.

– Alors, pourquoi est-ce que tu ne vas pas <u>à cette soirée</u> ?

⇨ ....

6. – Je n'ai jamais vu ta cave.

– C'est vrai ? Alors, allons <u>à la cave</u> !

⇨ ....

7. – Vraiment dures les nouvelles conditions de travail !

– Oh oui ! Catherine ne peut pas se faire <u>aux nouvelles conditions de travail</u>.

⇨ ....

8. – Cette auberge a très mauvaise réputation.

– Nous ne déjeunerons pas <u>dans cette auberge</u> !

⇨ ....

9. – Tu as rêvé, tu n'as pas mis tes clés dans ce tiroir...

– Mais non je n'ai pas rêvé, je suis sure qu'elles étaient <u>dans le tiroir</u> ce matin.

⇨ ....

10. – Elles connaissent déjà l'Australie ?

– Oui, elles sont allées trois fois <u>en Australie</u>.

⇨ ....

Exercice 3

Même exercice mais en remplaçant l'élément souligné par le pronom **en** *:*

◆ Exemple : – Avez-vous étudié cette question ?

– Oui, nous avons parlé **de cette question** à notre avocat.

⇨ Oui, nous **en** avons parlé à notre avocat.

1. – À ta place, je me méfierais des belles paroles...

– Ne t'inquiète pas pour moi, je me méfie aussi <u>des belles paroles</u>.

⇨ ....

2. – Tu n'as pas l'habitude de circuler en bus ?

– Mais si, sois tranquille, j'ai l'habitude <u>de circuler en bus</u>.

⇨ ....

3. – Elle ne se souvient pas des bons moments que nous avons passés ensemble ?

– Si, moi, je crois qu'elle se souvient très bien <u>de ces moments</u>.

⇨ ....

4. – Alors, ces vacances ? Tu as bien profité du soleil ?

– Ah, oui, alors ! J'ai vraiment bien profité <u>du soleil</u> !

⇨ ....

5. – Avez-vous envie de voyager ?

   – C'est sûr, j'ai envie <u>de voyager</u> depuis des années !

   ⇨ ....

6. – J'ai l'impression d'avoir déjà rencontré cet homme...

   – C'est drôle, j'ai l'impression <u>d'avoir rencontré cet homme</u> aussi.

   ⇨ ....

7. – Thierry ne semble pas s'intéresser à l'argent.

   – Tu as raison, il se moque complètement <u>de l'argent</u>.

   ⇨ ....

8. – Tu ne trouves pas que Jacqueline manque souvent de patience avec ses enfants ?

   – Je suis d'accord avec toi, parfois elle manque <u>de patience</u>, mais elle est fatiguée.

   ⇨ ....

Exercice 4

Répondez affirmativement puis négativement aux questions en utilisant le pronom **en** *:*

◆ Exemple : Voulez-vous du lait dans votre café ? ⇨ Oui, j'**en** veux. / Non, je n'**en** veux pas.

1. Vous achetez du pain tous les jours ?   ⇨ ....

2. Est-ce que tu as des allumettes ?   ⇨ ....

3. Vous buvez de la vodka ?   ⇨ ....

4. Il y a de l'argent dans ce distributeur ?   ⇨ ....

5. Tu as commandé des frites ?   ⇨ ....

6. Tu as fait des photos ?   ⇨ ....

7. Tu veux du gâteau aux kiwis ?   ⇨ ....

8. Elle prend du lait pour son gouter ?   ⇨ ....

Exercice 5

Même exercice mais en employant l'élément entre parenthèses comme dans les exemples :

◆ Exemples : Vous avez des enfants ? (deux)   ⇨ Oui, j'**en** ai deux. / Non, je **n'en** ai **pas.**

           Tu as des problèmes ? (beaucoup)   ⇨ Oui, j'**en** ai beaucoup. Non, je **n'en** ai **pas.**

1. John a une petite amie ? (une)   ⇨ ....

2. Tu reprends du poulet ? (un peu)   ⇨ ....

3. Tu as une bicyclette ? (une)   ⇨ ....

4. Vous avez acheté des livres ? (quatre)   ⇨ ....

5. Tu mets du lait ? (une goutte)   ⇨ ....

6. Vous avez pris quelques kilos ? (trois)   ⇨ ....

7. Tu achèteras des tomates ? (un kilo)   ⇨ ....

8. Vous avez bu de la bière ? (un verre)   ⇨ ....

9. Il prend des somnifères ? (trop)   ⇨ ....

Exercice 6

Afin d'éviter les répétitions, transformez les phrases suivantes selon l'exemple :

◆ Exemple : Paul part aux États-Unis ou il revient des États-Unis ?

                Paul part aux États-Unis ou il **en** revient ?

1. Elle va à la Martinique ou elle arrive de la Martinique ?

    Elle va à la Martinique ou .... ?

2. Il descend à la cave ou il vient de la cave ?

    Il descend à la cave ou .... ?

3. Tu entres dans le sauna ou tu sors du sauna ?

    Tu entres dans le sauna ou .... ?

4. Vous allez chez le coiffeur ou vous venez de chez le coiffeur ?

    Vous allez chez le coiffeur ou .... ?

5. Tu montes au cinquième étage ou tu descends du cinquième étage ?

    Tu montes au cinquième étage ou .... ?

6. Tu pars à la plage ou tu reviens de la plage ?

    Tu pars à la plage ou .... ?

Exercice 7

*Complétez les dialogues avec **y** ou **en** :*

1. – Mais enfin Marie, tu n'es pas encore allée chercher ton passeport à la préfecture ?

    – Mais si, je .... suis allée hier après mes cours.

2. – Oh ! Vos pêches sont très appétissantes !

    – Elles sont excellentes, vous .... voulez combien ? Un kilo, deux kilos ?

    – Je vais .... prendre un petit kilo.

3. – Tu ne penses pas à ton avenir, tu vis au jour le jour.

    – Si, je .... pense, d'ailleurs je viens de trouver un travail en Australie ; je .... vais dans un mois !

4. – Tu connais la Chine ?

    – Non, je ne .... suis jamais allé mais je .... rêve.

5. – Tu veux vraiment quitter cette ville ?

    – Oui, je .... ai vraiment envie. Il ne .... fait jamais beau et puis c'est triste.

6. – Tu es passé chez Martine ?

    – Oui je .... viens.

7. – Le train s'arrête à Orléans ?

    – Orléans... oui. Il .... arrive à 16 h 04 et .... repart à 16 h 08.

8. – Vous êtes satisfaits de votre nouvelle voiture ?

    – Ça va, je .... suis content.

9. – As-tu pensé à prendre des grilles de loto au bureau de tabac ?

    – Non, je ne .... ai pas pris parce que je ne veux plus jouer au loto, on ne gagne jamais.

Le pronom complément et la négation

Je **ne la** trouve **pas.**

Il **ne lui** téléphone **plus.**

Je **n'y** suis **jamais** allé.

À la forme négative, le pronom reste devant le verbe :

Je cherche mon livre de grammaire, mais je **ne le** trouve **pas**...

J'ai cherché mon livre de grammaire, mais je **ne l'**ai **pas** trouvé.

Je téléphone à Marc, mais je **ne lui** écris **jamais**.

J'ai téléphoné à Marc, mais je **ne lui** ai **jamais** écrit.

● ●

Exercice 1

Répondez négativement en remplaçant le nom par le pronom qui convient :

◆ Exemples : Vous connaissez cette région ?   ⇨ Non, je **ne la** connais **pas.**

    Vous avez vu Christian aujourd'hui ?   ⇨ Non, je **ne l'**ai **pas** vu aujourd'hui.

1. Vous écoutez la radio ?   ⇨ ....

2. Vous prenez souvent le train ?   ⇨ ....

3. Vous allez à Paris demain ?   ⇨ ....

4. Vous aimez ces petits villages ?   ⇨ ....

5. Vous appréciez le bon vin ?   ⇨ ....

6. Vous connaissez Annie Veillon ?   ⇨ ....

7. Vous avez écouté ce disque ?   ⇨ ....

8. Vous avez bu de l'alcool ?   ⇨ ....

9. Vous avez fait votre exercice ?   ⇨ ....

10. Vous avez appelé le médecin ?   ⇨ ....

11. Vous avez goûté le lapin à la moutarde ?   ⇨ ....

12. Vous avez regardé le film hier soir ?   ⇨ ....

Exercice 2

Même exercice :

◆ Exemple : Tu lis une histoire **à tes enfants** chaque soir ?   ⇨ Non je **ne leur** lis **pas** une histoire chaque soir.

1. Tu écris souvent <u>à tes amis</u> ?   ⇨ ....

2. Tu donnes le biberon <u>à ta petite fille</u> ?   ⇨ ....

3. Tu dis bonjour <u>à ta tante</u> ?   ⇨ ....

4. Tu expliques tout <u>à tes enfants</u> ?   ⇨ ....

5. Tu offres ces fleurs <u>à ton prof</u> ?   ⇨ ....

6. Tu as parlé <u>à Jean-Luc</u> ?   ⇨ ....

7. Tu as conseillé ce livre <u>à tes étudiants</u> ?   ⇨ ....

8. Tu as rendu visite <u>à Maud</u> ?   ⇨ ....

9. Tu as parlé du problème <u>aux employés</u> ?   ⇨ ....

10. Tu as téléphoné <u>aux Maunay</u> ?   ⇨ ....

Exercice 3

Complétez les phrases selon les exemples :

◆ Exemples : (parler) Je comprends l'italien mais je **ne le** parle **pas**.

              (ouvrir) J'ai reçu le colis mais je **ne l'**ai **pas** ouvert.

1. (aimer) Bruno a une nouvelle voiture mais ....

2. (dépenser) Elle a gagné trois millions de francs mais ....

3. (connaitre) Je vois cette jeune fille tous les jours dans le métro mais ....

4. (comprendre) Il aime ses enfants mais ....

5. (parler) Je connais le français mais ....

6. (trouver) On cherche la solution mais ....

7. (embrasser) Elle a salué Antoine mais ....

8. (apprécier) J'ai mangé ce plat mais ....

9. (utiliser) J'ai un ordinateur mais ....

10. (apprendre) Il lit les poésies mais ....

Exercice 4

Même exercice :

1. (parler) Nous avons vu vos cousins mais ....

2. (dire au revoir) J'ai remercié la directrice mais ....

3. (rien proposer) Il parle beaucoup avec ses étudiants mais ....

4. (sourir) Elle a longuement regardé cet homme, mais ....

5. (faire la fête) Le chien a entendu ses maitres rentrer mais ....

6. (envoyer le fax) J'ai téléphoné à Maitre Jouve donc ....

7. (rendre visite) J'ai l'adresse de Pamela mais ....

8. (répondre) Il a bien entendu la question du juge mais ....

Exercice 5

Répondez négativement aux questions en remplaçant le complément souligné par un pronom :

◆ Exemples : Tes clés sont sûrement **au fond de ton sac** ?　⇨ Non, elles n'**y** sont pas.

　　　　　　　Tu as pris **du café** ?　⇨ Non, je n'**en** ai pas pris.

1. Tu as joué <u>de la guitare</u> ?　⇨ ....

2. As-tu pensé <u>à l'anniversaire de Manuela</u> ?　⇨ ....

3. Paul est arrivé <u>au sommet du pic de Bigorre</u> ?　⇨ ....

4. Yves s'est occupé <u>du changement d'adresse</u> ?　⇨ ....

5. Hélène a <u>des enfants</u> ?　⇨ ....

6. Tu as joué <u>au scrabble</u> avec eux ?　⇨ ....

7. Les élèves sont <u>dans leur classe</u> ?　⇨ ....

8. Tu es allé <u>au Sénégal</u> ?　⇨ ....

9. Est-ce qu'ils ont vu <u>des marmottes</u> dans les Pyrénées ⇨ ....

10. Tu as répondu <u>à sa lettre</u> ?　⇨ ....

Exercice 6

Répondez affirmativement puis négativement aux questions en utilisant **le**, **la**, **les**, **lui**, **leur**, **y** *ou* **en** :

◆ Exemples : As-tu vu **Léo** hier soir ?　⇨ Oui, je **l'**ai vu. / Non, je **ne l'**ai **pas** vu.

　　　　　　Vous avez joué **aux fléchettes** dans les pubs de Londres ?

　　　　　　⇨ Oui, j'**y** ai joué / Non, je **n'y** ai **pas** joué.

1. As-tu invité <u>Jean-Louis</u> à ton anniversaire ?　⇨ ....

2. Est-ce que vous avez lu <u>des magazines allemands</u> ?　⇨ ....

3. Tu as plu <u>au metteur en scène</u> ?　⇨ ....

4. Vous avez fait <u>votre exercice</u> pour aujourd'hui ?　⇨ ....

5. As-tu visité <u>le Futuroscope de Poitiers</u> ?　⇨ ....

6. Vous avez interdit <u>aux clients</u> de fumer dans votre bar ?⇨ ....

7. As-tu vraiment aimé <u>cet homme</u> ?　⇨ ....

8. Vous avez parlé <u>aux comédiens</u> ?　⇨ ....

9. As-tu parlé <u>de la mise en scène de ce spectacle</u> ?　⇨ ....

10. Tu as vu <u>Gérard Depardieu</u> ?　⇨ ....

11. Tu attends <u>ton amie</u> ?　⇨ ....

12. Vous avez acheté <u>des graines pour les oiseaux</u> ?　⇨ ....

Le pronom complément et l'impératif

Téléphone-**moi** !
Ne **me** regardez pas !
N'**en** parlez pas !

- À l'impératif affirmatif, le pronom complément se place après le verbe et on insère un trait d'union entre le verbe et son complément :

  Tu la prends ⇨ Prends-**la** ! / Tu lui souris. ⇨ Souris-**lui** !

- À l'impératif négatif, il reste devant le verbe :

  Tu ne la prends pas. ⇨ Ne **la** prends pas ! / Tu ne lui souris pas. ⇨ Ne **lui** souris pas !

- Pour des questions de prononciation, devant « y » et « en », les verbes terminés par une voyelle prennent un « s » à l'impératif affirmatif :

  J'achète du pain ? ⇨ Oui, achètes-**en** !

Exercice 1

Remplacez les compléments d'objet direct par le pronom qui convient :

◆ Exemples : Voilà mes photos. Regarde mes photos ! ⇨ Regarde-**les** !

Cet article n'est pas intéressant. Ne lis pas cet article ! ⇨ Ne **le** lis **pas** !

1. Tes parents t'ont toujours bien conseillé.

   Écoute tes parents ! ⇨ ....

2. Ces fruits ne sont pas murs.

   Ne mange pas ces fruits ! ⇨ ....

3. J'ai rapporté de la bonne bière de Belgique.

   Goutez cette bonne bière ! ⇨ ....

4. Vous ne lisez plus vos vieux livres.

   Vendez vos vieux livres ! ⇨ ....

5. Nous adorons la compagnie des Girardeau.

   Invitons les Girardeau samedi soir ! ⇨ ....

6. Cet appartement est très humide.

   Ne louez pas cet appartement ! ⇨ ....

7. Chouette, ce soir il y a un match de football à la télé !

   Regardons le match tous ensemble ! ⇨ ....

8. Cette histoire est terrible.

   Ne raconte pas cette histoire aux enfants ! ⇨ ....

Exercice 2

Remplacez les compléments d'objet indirect soulignés par le pronom qui convient :

◆ Exemples : Tes grands-parents sont seuls. Téléphone à **tes grands-parents** ! ⇨ Téléphone-**leur** !

Michel est trop sensible. Ne parle pas de cela **à Michel** ! ⇨ Ne **lui** parle pas de cela !

1. Tu vois Claude ce soir ?

Donne le bonjour de ma part <u>à Claude</u> ! ⇨ ....

2. Cet homme n'est pas honnête.

Ne confie pas ton histoire <u>à cet homme-là</u> ! ⇨ ....

3. Nous pensons souvent à Cornelia, notre amie suisse.

Écrivons <u>à notre amie suisse</u> ! ⇨ ....

4. Le professeur est très compréhensif.

Explique tes difficultés <u>au professeur</u> ! ⇨ ....

5. Les petits ne peuvent pas comprendre cette situation.

Ne parlons pas de cela <u>aux petits</u> ! ⇨ ....

6. Louise va avoir 26 ans.

Envoie une carte <u>à Louise</u> pour son anniversaire ! ⇨ ....

7. Votre voisine est trop bavarde.

Ne racontez pas cette aventure <u>à votre voisine</u> ! ⇨ ....

8. Je suis sure que ton frère aimerait la nouvelle Citroën.

Conseille cette voiture <u>à ton frère</u> ! ⇨ ....

Exercice 3

Remplacez les compléments soulignés par le pronom qui convient :

◆ Exemple : Tu veux retourner à Palavas-les-flots.

Retourne à **Palavas-les-Flots !** ⇨ Retourne**s-y** !

1. Je trouve que vous avez trop souvent mal à la tête.

Parlez <u>de vos maux de tête</u> au médecin ! ⇨ ....

2. Tu as peur de l'avenir.

Ne pense donc pas <u>à l'avenir</u> ! ⇨ ....

3. Vous refusez de prêter attention à ce détail.

Vous avez raison, ne prêtez pas attention <u>à ce détail</u> ! ⇨ ....

4. Tu ne veux plus faire de judo ?

Ne fais plus <u>de judo</u>, mon chéri ! ⇨ ....

5. Vous ne voulez pas aller au hammam avec nous ?

Tant pis, n'allez pas <u>au hammam</u> ! ⇨ ....

6. On vous l'a dit à l'entrée du musée : les photos sont interdites.

Alors, ne prenez pas <u>de photos</u>, s'il vous plait ! ⇨ ....

Exercice 4

Répondez affirmativement puis négativement aux questions en utilisant un pronom :

◆ Exemples : Je peux allumer la télévision ? ⇨ Oui, allume-**la** ! / Non, ne l'allume pas !

Nous pouvons écouter la radio ? ⇨ Oui, écoutez-**la** ! / Non, ne l'écoutez pas !

1. Est-ce que je peux regarder vos photos d'Égypte ?

   ⇨ ....

2. Je peux prendre ton blouson rouge ?

   ⇨ ....

3. Je dois apprendre ces conjugaisons ?

   ⇨ ....

4. Est-ce que je peux inviter mes amis ici ?

   ⇨ ....

5. Je dois utiliser le passé composé ?

   ⇨ ....

6. Nous devons prendre ce bus ?

   ⇨ ....

7. Nous pouvons donner ces vieux vêtements ?

   ⇨ ....

8. Nous pouvons peut-être aider Michelle ?

   ⇨ ....

9. Nous devons envoyer ce paquet ?

   ⇨ ....

10. Est-ce qu'on peut lire vos propositions ?

    ⇨ ....

Exercice 5

Même exercice :

◆ Exemple : Je peux proposer cette excursion **à mes amis japonais** ?

⇨ Oui, propose-**leur** cette excursion ! / Non, ne **leur** propose pas cette excursion !

1. Tu veux que je donne cette adresse <u>à Mark</u> ?

   ⇨ ....

2. Je dois obéir <u>à mes parents</u> ?

   ⇨ ....

3. Je dois transmettre ce message <u>aux professeurs</u> ?

   ⇨ ....

4. Nous devons parler de ses troubles <u>au psychologue</u> ?

   ⇨ ....

5. Vous pensez que je dois répondre <u>à Luigi</u> ?

   ⇨ ....

6. Tu me conseilles de faire la cour <u>à Delphine</u> ?

   ⇨ ....

7. Nous pouvons laisser du temps <u>aux acheteurs</u> pour réfléchir.

   ⇨ ....

8. Il vaut mieux que je serre la main <u>à mon adversaire</u> avant le match ?

   ⇨ ....

Exercice 6

*Répondez aux questions en utilisant **le**, **la**, **les**, **lui**, **leur**, **y** ou **en** :*

◆ Exemples : Je peux inviter Marie-Pierre et Henri ?   ⇨ Oui, invite-**les** !

   Nous pouvons téléphoner à Marlène ?   ⇨ Non, ne **lui** téléphonez pas !

1. Est-ce que je peux écouter ce médecin ?

⇨ Oui, ...

2. Je peux dire à Dorothée qu'il sera là ?

⇨ Non, ...

3. Je peux parler de cette affaire devant tout le monde ?

⇨ Non, ...

4. Je dois aider ces élèves ?

⇨ Non, ...

5. Est-ce que je peux embrasser ce beau bébé ?

⇨ Oui, ...

6. Je dois remercier ses parents ?

⇨ Oui, ...

7. Nous pouvons aller au grenier ?

⇨ Oui, ...

8. On doit téléphoner aux invités pour changer la date ?

⇨ Oui, ...

9. Nous devons dire que nous partons à toutes ces personnes ?

⇨ Non, ...

10. Est-ce que nous pouvons interroger votre fille ?

⇨ Oui, ...

11. Nous devons écrire à nos collègues ?

⇨ Non, ...

12. Il faut que je prenne des vitamines ?

⇨ Oui, ...

le, la, lui, leur, y, en, moi, eux...

Exercice 1

Associez les questions et les réponses :

1. Tu as écrit à ton ami libanais ?

2. Vous avez reçu des nouvelles de Jean-Pierre ?

3. Vous avez écrit des poèmes ?

4. Tu as répondu à ton professeur ?

5. Tu as téléphoné à tes parents ?

6. Tu n'as pas répondu à nos amis du nord ?

7. Qu'est-ce que tu as écrit sur ce petit carnet ?

8. Vous avez répondu à ces questions ?

A. J'y ai écrit mes pensées.

B. Oui, je lui ai répondu.

C. Non, je ne lui ai pas écrit.

D. Non, je ne leur ai pas répondu.

E. Oui, j'en ai beaucoup écrit.

F. Bien sûr, j'y ai répondu volontiers.

G. Non, il ne m'a pas écrit.

H. Non, je leur ai écrit.

1	2	3	4	5	6	7	8
C							

Exercice 2

Complétez les mini-dialogues avec le pronom qui convient :

1. – As-tu parlé de ce problème à Mireille ?

   – J'ai discuté avec .... , mais je ne .... ai pas tout dit.

2. – Tu as encore pensé à Guillaume aujourd'hui ?

   – Oui, c'est vrai que j'ai beaucoup pensé à .... Je crois que je .... aime...

3. – Tu connais les frères Garaud ?

   – Je .... connais très bien, je joue au foot avec ....

4. – Tu as oublié le petit travail que je t'avais confié ?

   – Pas du tout, je .... ai pensé, tout est prêt.

5. – Il reste des œufs dans le réfrigérateur ?

   – Non, il n'y .... a plus. S'il te plait, prends-.......... six au marché !

6. – Tu as répondu à ces lettres administratives ?

   – Pas encore. Bonne idée, je .... réponds tout de suite !

7. – Il t'a demandé combien tu gagnais ? Qu'est-ce que tu .... as dit ?

   – Rien, je ne .... ai pas répondu.

Exercice 3

Même exercice :

1. – Tu vois Colette et Denis ce soir ?

   – Oui, je vais diner chez ....

   – Peux-tu .... dire de .... téléphoner demain ?

   – Pas de problème, je .... penserai !

2. – Cette institutrice réussit très bien avec tous les enfants.

   – C'est vrai, on voit qu'elle .... aime vraiment et qu'elle s'occupe très bien de ....

3. – Est-ce qu'on .... a téléphoné pendant mon absence ?

   – Oui, le responsable des ventes .... a appelé pour une affaire délicate. Il souhaite .... parler. Pouvez-vous .... téléphoner dans sa voiture aujourd'hui ou .... contacter chez .... ce soir ?

4. – Ces enfants ne savent pas faire leurs exercices. Pourriez-vous .... aider ?

   – De la géométrie ? Je ne .... ai pas fait depuis longtemps, mais je vais essayer de .... rendre ce service.

Exercice 4

Même exercice :

1. – Martine et Denis sont arrivés ?

   – Non, je vais .... attendre à la gare ce soir à 20 h 12.

   – Embrasse-........... très fort pour moi et dis-........... que j'aimerais beaucoup .... voir.

   – Je .... dirai tout cela, tu peux compter sur ....

2. – Vous avez fait vos exercices pour aujourd'hui ?

   – Non, moi Madame je ne .... ai pas faits : ma sœur a été malade et je .... ai gardée.

   – Mais tes parents n'étaient pas là ?

   – Non, hier soir, ils .... ont laissés seuls à la maison.

3. – Il reste de la salade. Tu .... veux encore, Jimmy ?

   – Oui, je .... veux bien deux ou trois feuilles. Mais, il n'y a pas de fromage ?

   – Si attends, je vais .... chercher, je .... ai oublié dans la cuisine.

4. – Françoise est là ; tu veux .... voir ?

   – Oui, bien sûr, je vais .... parler. J'aimerais .... inviter à diner un soir à la maison pour discuter avec .... des problèmes de Pierre.

   – Pauvre Pierre, il a encore des problèmes ?

   – Oh ! ...., tu sais, il .... a toujours.

celui-ci, ceux-là
celles que j'aime, ceux de gauche...

Tu veux quel gâteau ? **Celui-là** !

Je ne connais pas cet homme... Si, c'est **celui** dont je t'ai parlé !

Les pronoms démonstratifs

singulier	pluriel
Tu veux écouter quel disque?	Quels films aimes-tu ?
celui-ci / celui-là	**ceux-ci / ceux-là**
celui de Thomas Fersen	**ceux d'**Ettore Scola
celui qui est sur l'étagère.	**ceux que** nous avons regardés ensemble.
Quelle est ta région préférée ?	Quelles spécialités voulez-vous déguster ?
celle-ci / celle-là	**celles-ci / celles-là**
celle de mes parents	**celles de** votre région
celle où le soleil brille toute l'année.	**celles dont** vous m'avez parlé.

Exercice 1

Transformez les phrases selon les exemples :

◆ Exemples : – Quelles fleurs préférez-vous ?

– Ces fleurs. ⇨ **Celles-ci** (ou celles-là)

– Sur quelle étagère est-ce que tu as posé ton livre ?

– Sur cette étagère. ⇨ Sur **celle-là** (ou celle-ci)

1. – Quels tickets faut-il présenter à l'entrée ?

– Ces tickets. ⇨ ....

2. – Quelle recette est la meilleure ?

– Cette recette. ⇨ ....

3. – Vous voulez quelles photos ?

– Cette photo. ⇨ ....

4. – Tu as lu ça dans quel journal ?

– Dans ce journal. ⇨ ....

5. – Avec quel stylo avez-vous écrit cette lettre ?

– Avec ce stylo. ⇨ ....

6. – Quelles boucles d'oreilles est-ce que tu vas mettre ?

– Ces boucles d'oreilles. ⇨ ....

7. – Tu veux que j'ouvre quelle fenêtre ?

– Cette fenêtre. ⇨ ....

8. – Vous avez étudié quels auteurs ?

– Ces auteurs. ⇨ ....

Exercice 2

*Répondez aux questions suivantes en utilisant **celui-ci** (ou **celui-là**), **celle-ci** (ou **celle-là**), **ceux-ci** (ou **ceux-là**), **celles-ci** (ou **celles-là**).*

1. Quelles photos voulez-vous ? ⇨ ....

2. Tu as choisi quel timbre ? ⇨ ....

3. C'est quelle boite aux lettres pour l'étranger ? ⇨ ....

4. Quel enfant as-tu filmé ? ⇨ ....

5. Le parking est plein... Laquelle est ta voiture ?　⇨　...

6. Quel chocolat vous ferait plaisir ?　⇨　...

7. Regardez-les bien. Lequel de ces bandits vous a attaquée ?　⇨　...

8. Tu préfères quel dessin ?　⇨　...

Exercice 3

Complétez avec le pronom démonstratif qui convient :

1. – Il est à toi ce beau foulard ?

– ....-ci ? Non, c'est .... de Brigitte.

2. J'ai perdu mes clés ; heureusement, il y a .... de Jérome.

3. – Quelle route faut-il prendre ?

– .... de droite.

4. Les enfants de Régine sont turbulents mais .... de son frère sont très calmes.

5. – À qui sont ces bouteilles ?

– Ne les touche pas, ce sont .... des clients suivants.

6. C'est mon blouson, j'en suis sûr ; .... d'Antoine est un peu plus long.

7. – Quelle pièce as-tu vu hier soir ?

– .... de Brecht.

8. Mes voisins de palier sont très courtois, en revanche .... du deuxième étage sont un peu grincheux.

Exercice 4

Complétez avec un pronom démonstratif suivi du pronom relatif qui convient :

◆ Exemple : – Tu vois le gymnase là-bas ?

– C'est **celui où** je fais du tennis tous les mardis.

1. – Qui est ce professeur ?

– C'est .... Delphine adore.

2. – Tu connais cette fille ?

– Bien sûr, c'est .... travaille avec Roland.

3. – De quels enfants veux-tu parler ?

– De .... je m'occupe tous les jours.

4. – Je ne connais pas ce médecin.

– C'est .... a opéré François de l'appendicite.

5. – Quelle plage me conseillez-vous dans la région ?

– .... je vais tous les jours est très agréable.

6. – Alors, on prend quelle route ?

– .... tu veux.

7. – Tu as besoin de ces livres ?

– Non, ... j'ai besoin se trouvent dans les librairies techniques.

8. – Vous avez vu des chaussures qui vous plaisent en vitrine ?

– Oui, ... existent en trois couleurs et qui sont juste devant.

le mien, la sienne, les vôtres...

– C'est mon journal ?   – Ces billes sont à Paul ?

– Ah non ! C'est **le mien** !   – Oui, ce sont **les siennes**.

Les pronoms possessifs

	Singulier		Pluriel	
je	C'est mon frère	⇨ C'est **le mien**	Ce sont mes frères	⇨ Ce sont **les miens**
	C'est ma sœur	⇨ C'est **la mienne**	Ce sont mes sœurs	⇨ Ce sont **les miennes**
tu	C'est ton frère	⇨ C'est **le tien**	Ce sont tes frères	⇨ Ce sont **les tiens**
	C'est ta sœur	⇨ C'est **la tienne**	Ce sont tes sœurs	⇨ Ce sont **les tiennes**
il, elle	C'est son frère	⇨ C'est **le sien**	Ce sont ses frères	⇨ Ce sont **les siens**
	C'est sa sœur	⇨ C'est **la sienne**	Ce sont ses sœurs	⇨ Ce sont **les siennes**
nous	C'est notre frère	⇨ C'est **le nôtre**	Ce sont nos frères ⎱	⇨ Ce sont **les nôtres**
	C'est notre sœur	⇨ C'est **la nôtre**	Ce sont nos sœurs ⎰	
vous	C'est votre frère	⇨ C'est **le vôtre**	Ce sont vos frères ⎱	⇨ Ce sont **les vôtres**
	C'est votre sœur	⇨ C'est **la vôtre**	Ce sont vos sœurs ⎰	
ils, elles	C'est leur frère	⇨ C'est **le leur**	Ce sont leurs frères ⎱	⇨ Ce sont **les leurs**
	C'est leur sœur	⇨ C'est **la leur**	Ce sont leurs sœurs ⎰	

• •

Exercice 1

Transformez les phrases selon l'exemple :

◆ Exemple : – C'est le chien de Louis ?

         – Oui, c'est son chien.   ⇨ Oui, c'est **le sien.**

1. – Cette petite est la fille de Maguy et Jean ?

    – Oui, c'est leur fille.   ⇨ ....

2. – Ce magnétophone appartient bien à Christine ?

    – Non, ce n'est pas son magnétophone.   ⇨ ....

3. – À qui est cette écharpe par terre ? À toi ?

    – Non, ce n'est pas mon écharpe.   ⇨ ....

4. – Ce sont les médicaments de Michèle sur la table ?

    – Oui, ce sont ses médicaments.   ⇨ ....

5. – C'est votre voiture sous le cerisier ?

    – Oui, c'est notre voiture.   ⇨ ....

6. – Ces disques sont à toi ?

    – Non, ce ne sont pas mes disques.   ⇨ ....

7. – Regarde, c'est bien le chat de la voisine ?

   – Oui, c'est bien son chat. ⇨ ....

8. – C'est ton médecin ou celui de ta sœur ?

   – C'est mon médecin. ⇨ ....

Exercice 2

Parmi ces trois propositions, choisissez celle qui convient :

1. Il est à toi ce chapeau ?

   a. Oui, c'est le mien. ☐

   b. Bien sûr, c'est la nôtre. ☐

   c. Oui, c'est le leur. ☐

2. Ce sont les lunettes de Pierre ?

   a. Oui, ce sont les siens. ☐

   b. Oui, ce sont les leurs. ☐

   c. Non, ce ne sont pas les siennes. ☐

3. C'est le manteau de Nathalie, tu es sûr ?

   a. Non, ce n'est pas la sienne. ☐

   b. Oui, c'est le sien. ☐

   c. Oui, c'est le mien. ☐

4. À qui sont ces stylos ?

   a. Ce sont les nôtres. ☐

   b. Ce sont les tiennes. ☐

   c. C'est le nôtre. ☐

5. Pourquoi prends-tu ma voiture ?

   a. Les miens ne marchent plus. ☐

   b. La tienne ne marche plus. ☐

   c. La mienne ne marche plus. ☐

6. Tenez, ce sont les poupées de vos petites filles.

   a. Non, les siennes sont dans le jardin. ☐

   b. Oui, ce sont les leurs. ☐

   c. Non, ce ne sont pas les siens. ☐

7. Ces bottes sont à toi ou à Laura ?

   a. Ce sont les leurs. ☐

   b. Ce sont les miennes. ☐

   c. Ce sont les siens. ☐

8. C'est ton bébé qui est déjà si grand ?

   a. Oui, c'est le tien. ☐

   b. Oui, c'est le mien. ☐

   c. Oui, c'est la mienne. ☐

Exercice 3

Répondez aux questions selon les exemples :

◆ Exemples : C'est le peigne de Christiane ? ⇨ Oui, c'est **le sien.**

   Ce ne sont pas vos photos ? ⇨ Non, ce ne sont pas **les nôtres.**

1. C'est bien le cahier de Louise ? ⇨ ....

2. Ce ne sont pas les enfants de Frédérique et Paul ? ⇨ ....

3. Ce ne sont pas ses secrétaires ? ⇨ ....

4. Ce sont tes pièces sur la table ? ⇨ ....

5. C'est le seau de Charlotte ? ⇨ ....

6. Ce n'est pas ton numéro de téléphone ? ⇨ ....

7. Ce sont les clés de Véronique ? ⇨ ....

8. Ce n'est pas mon manteau ? ⇨ ....

Exercice 4

Complétez les phrases en utilisant un pronom possessif :

◆ Exemple : C'est la voiture d'Annie, tu es sure ?   ⇨ Oui bien sûr, c'est **la sienne** !

1. – Tu sais, mes parents vieillissent, ils sont très fatigués. Et .... comment vont-ils ?

   – Comme ...., je les trouve bien fatigués.

2. – Buvons une coupe de champagne pour fêter ton anniversaire. À ta santé mon vieux !

   – À .... !

3. Ne prends pas toujours les jouets de ta sœur ; tu en as assez, joue donc avec .... !

4. Le café est compris dans le menu à 75 francs. Je vais commander .... tout de suite. Et vous, vous

   prenez .... maintenant ou après le dessert ?

5. – À qui est cette écharpe que j'ai trouvée dans la cour ? À toi Benoit, non ?

   – Oui, c'est .... !

6. – Ma fille est déjà mariée. Et .... est-elle toujours célibataire ?

   – Ah ! Non, ... est mariée depuis longtemps.

7. – Tu veux bien me prêter ta bicyclette ?

   – .... est en très mauvais état ; prends plutôt celle de Luc.

8. – Regardez, mon fils est au premier rang sur la photo. Où est .... ?

   – .... c'est le grand avec le pull rouge.

9. – Tu peux prendre les gants des enfants, si tu veux !

   – Non merci, je vais garder les miens ; .... sont trop petits.

10. – J'ai oublié ma gomme ; Manon, passe-moi ...., s'il te plait !

    – Je te la prête, mais ce n'est pas ...., c'est celle de Leslie.

• • • • • • • • • • • • •

qui, que, dont, où

Les étudiants **qui** arrivent sont en troisième année.

La fille **que** tu as vue hier soir est ma cousine.

Voici le livre **dont** je vous ai parlé.

Les pronoms relatifs simples

- **Qui** est un pronom relatif **sujet** (qui + voyelle = **qui**) :

  L'homme **qui** entre est le directeur. (= L'homme entre ; l'homme est directeur)

  C'est moi **qui** ai fermé la fenêtre.

- **Que** est un pronom relatif complément d'objet direct (que + voyelle = **qu'**) :

  Le tableau **que** j'ai acheté est magnifique. (= J'ai acheté un tableau ; le tableau est magnifique)

  Les disques **que** j'aime sont introuvables.

- **Où** est un pronom relatif complément de lieu :

  C'est une maison **où** j'aimerais vivre. (= C'est une maison ; j'aimerais vivre dans cette maison)

  La ville **où** nous sommes allés samedi est très intéressante.

- **Dont** est un pronom relatif qui remplace un complément introduit par de (complément d'un verbe, d'un nom ou d'un adjectif) :

  Ce sont les dossiers **dont** le ministre s'occupe. (Le ministre **s'occupe** des dossiers)

  Cette femme, **dont** les enfants sont grands, a recommencé à travailler. (Les **enfants** de cette femme)

  Ses enfants, **dont** il est très fier, ont bien réussi dans leurs études. (Il est **fier** de ses enfants)

• •

Exercice 1

*Complétez les phrases avec **qui** ou **que** :*

◆ Exemple : Le film
{ **qui** passe au Rex est excellent.
{ **que** j'ai vu au Rex est excellent.

1. C'est elle
{ .... vient me voir chaque soir.
{ .... je vais voir chaque soir.

2. Je connais bien cet homme
{ .... tu vois chaque jour dans le bus.
{ .... prend le bus chaque jour avec toi.

3. J'ai retrouvé les clés
{ .... tu cherchais partout.
{ .... avaient disparu.

4. Les policiers ont arrêté les voleurs
{ .... s'étaient enfuis.
{ .... ils recherchaient activement.

5. Je te présente Jean-Marc
{ .... est mon ami d'enfance.
{ .... tu n'as pas encore rencontré.

6. L'exercice
{ .... est à la page 324 me semble très compliqué.
{ .... nous devons faire pour demain me semble très compliqué.

100

7. C'est cette musique { .... j'adore.
{ .... me plait.

8. La petite fille { .... est au premier rang s'appelle Éva.
{ .... vous voyez au premier rang s'appelle Éva.

Exercice 2

*Complétez les phrases avec **que** ou **dont** :*

◆ Exemples : Je travaille avec une femme { **dont** le mari est député.
{ **que** je trouve très séduisante.

1. Le dictionnaire { .... j'ai besoin coute assez cher.
{ .... je dois acheter coute assez cher.

2. Je vais souvent dans ce petit village { .... j'apprécie le calme.
{ .... je connais bien.

3. C'est un restaurant { .... on m'a souvent parlé.
{ .... on m'a souvent conseillé.

4. Ce sont des vacances { .... toute la famille a appréciées.
{ .... on se souviendra longtemps.

5. Partir à l'aventure est une chose { .... il est incapable.
{ .... il ne peut pas faire.

6. Tu me proposes un voyage { .... je veux faire depuis longtemps.
{ .... je rêve depuis longtemps.

7. Dagobert est un gros chien { .... je n'aime pas rencontrer...
{ .... j'ai peur...

8. Voilà un dessert { .... j'aimerais bien gouter !
{ .... j'ai bien envie !

Exercice 3

Reliez les deux phrases par un pronom relatif pour ne faire qu'une seule phrase :

◆ Exemples : Il aime follement cette fille. Il rêve d'ailleurs de cette fille toutes les nuits.

⇨ Il aime follement cette fille **dont** d'ailleurs il rêve toutes les nuits.

J'apprécie la musique grunge. Mon fils écoute de la musique grunge.

⇨ J'apprécie la musique grunge **que** mon fils écoute.

1. Marie m'a offert un livre. Ce livre contient un tas de renseignements utiles pour moi.

⇨ ....

2. J'ai photographié cette jolie fille. J'ai vu cette fille pour la première fois hier soir.

⇨ ....

3. Me voilà enfin allongée sur cette plage. J'ai rêvé de cette plage tout l'hiver.

⇨ ....

4. Je vais prendre votre émincé de volaille. Un ami m'a recommandé l'émincé de volaille.

⇨ ....

5. Voilà Fanny. Fanny est ceinture noire de karaté.

⇨ ....

6. Mes parents n'aiment pas du tout Franck. Je suis amoureuse de Franck.

⇨ ....

7. J'ai visité le Centre Pompidou. L'architecture du centre est très contestée.

⇨ ....

8. J'aime me reposer en Provence. Le climat est doux en Provence.

⇨ ....

Exercice 4

*Complétez les phrases avec **qui, que, dont** ou **où** :*

◆ Exemple : La fille **qui** rêve de moi m'a écrit ce matin.

1. Je vais lui offrir cette veste .... elle aime tant.

2. Ce jeune homme, ... discute là-bas, est le frère de Marie-Pierre.

3. Renvoyez-nous l'article .... vous n'êtes pas satisfait.

4. J'ai connu Sébastien au club de gym .... je vais chaque soir.

5. C'est vous .... avez écrit ça ?

6. Voilà enfin ce maudit ascenseur .... j'attends depuis cinq minutes !

7. Il faut prendre le chemin .... vous verrez de hauts peupliers.

8. C'est Christophe .... a eu cette bonne idée.

9. Je n'ai pas retrouvé ce nom .... je cherche depuis hier.

10. J'ai enfin acheté cette voiture .... j'avais très envie.

Exercice 5

Même exercice :

1. Dans mon cours de français, il y a toutes sortes d'étudiants : il y a ceux .... écoutent attentivement le professeur, ceux .... parlent tout le temps, ceux .... le professeur aimerait entendre plus souvent, et il y a même ceux .... personne ne connait le son de la voix. Et, bien sûr, il y a moi .... suis formidable et .... tout le monde apprécie...

2. Le village .... habitent nos amis s'appelle Chanonat. La route .... il faut prendre pour y arriver est très pittoresque. Leur maison, ... vous avez vu les photos, est un ancien manoir. Les gens .... leur ont vendu cette belle maison habitent maintenant dans un autre village .... je ne connais pas et .... j'ai oublié le nom.

LES

RELATIONS

TEMPORELLES

Le présent (l'indicatif présent)
Je parle
Verbes en -er (parler)

	parler
je	parle
tu	parles
il / elle / on	parle
nous	parlons
vous	parlez
ils / elles	parlent

Attention :

acheter ⇨ j'achète ; nous achetons

jeter ⇨ je jette ; nous jetons

préférer ⇨ je préfère ; nous préférons

payer ⇨ je paie / je paye ; nous payons

s'appeler ⇨ je m'appelle ; nous nous appelons

se lever ⇨ je me lève ; nous nous levons

se promener ⇨ je me promène ; nous nous promenons

• •

Exercice 1

Complétez les tableaux :

	je	tu	il / elle / on
voyager	je voyage		
travailler			il travaille
étudier			
parler			
changer			
acheter		tu achètes	

	nous	vous	ils / elles
porter		vous portez	
arriver			
chercher	nous cherchons		
écouter			
aimer			
habiter			ils habitent

Exercice 2

*Complétez les verbes selon la forme du **présent** :*

◆ Exemple : Elle parl**e** avec sa voisine.

1. J'habit...... à Marseille.

2. Vous travaill...... à Brest ?

3. On mang...... au restaurant.

4. Les touristes cherch...... un hôtel.

5. Nous visit...... la cathédrale demain.

6. Tu préfèr...... le thé ?

7. Il regard...... la télévision.

8. J'écout...... la radio.

9. Le professeur présent...... le programme.

10. La directrice s'appell...... Marielle.

11. Julie cherch...... un dictionnaire.

12. Paul et Virginie aim...... la France.

Exercice 3

*Écrivez les verbes entre parenthèses au **présent** :*

◆ Exemple : Ils (jouer) **jouent** au football.

1. Vous (étudier) .... à l'Université de Lille ?

2. Il (travailler) .... à la gare.

3. Je (chercher) .... un livre de Cervantès.

4. Elle (porter) .... des lunettes noires.

5. Vous (parler) .... français ?

6. Nous (arriver) .... à 10 heures.

7. Les étudiants (écouter) .... une cassette.

8. Ma femme (regarder) .... la télévision.

9. Mes enfants (écouter) .... un disque de Lilicub.

10. Je (chercher) .... mes clés.

11. Vous (habiter) .... à Bordeaux ?

12. Elles (aimer) .... les fromages français.

Exercice 4

Même exercice :

1. Je (acheter) .... des fraises pour le diner ?

2. Vous (apporter) .... du champagne, s'il vous plait !

3. Il (couper) .... le gâteau.

4. On (manger) .... au restaurant demain.

5. Les touristes (visiter) .... le château.

6. Elle (téléphoner) .... à sa mère.

7. Vous (voyager) .... beaucoup.

8. Nous (détester) .... le vin.

9. Ils (fumer) .... un cigare après le repas.

10. Il (accepter) .... de venir avec nous.

11. Je (payer) .... les fleurs et toi le gâteau.

12. Les fraises (couter) .... 15 francs le kilo aujourd'hui.

Exercice 5

Même exercice :

1. Vous (s'appeler) .... Sophie Seutiqué ?

2. Je (se laver) .... les mains.

3. Elle (se maquiller) .... avant de sortir.

4. Nous (se rencontrer) .... à Paris lundi.

5. Tu (s'habiller) .... et nous allons au cinéma.

6. Quand il est triste, il (se promener) .... sur la plage.

7. Le matin, ils (se lever) .... à 6 h 30.

8. Il (s'excuser) .... de ne pas parler français.

Exercice 6

Même exercice :

1. (diner) ....-vous avec nous ?

2. À quelle heure (se coucher) ....-vous le soir ?

3. Où (habiter) ....-tu ?

4. Comment (s'appeler) ....-vous ?

5. Que (chercher) ....-elles ?

6. Que (manger) ....-tu ?

7. Pourquoi (pleurer) ....-t-elle ?

8. De quoi (parler) ....-ils ?

Exercice 7

Même exercice :

1. La machine à café (ne pas fonctionner) ....

2. Tu (ne pas se maquiller) .... ?

3. Elles (ne pas parler) .... français.

4. Il (ne pas plaisanter) .... !

5. Vous (ne pas s'amuser) .... ici ?

6. Les enfants de moins de 12 ans (ne pas payer) ....

7. Pardon, Mademoiselle, vous (ne pas danser) .... ?

8. Je (ne pas s'inquiéter) .... !

Le présent (l'indicatif présent)

Je finis

Verbes en -ir (finir)

	finir
je	fini**s**
tu	fini**s**
il / elle / on	fini**t**
nous	fini**ssons**
vous	fini**ssez**
ils / elles	fini**ssent**

Verbes du type **finir** : applaudir, choisir, réfléchir, remplir, réussir, atterrir,...

Exercice 1

Complétez les tableaux :

	je	**tu**	**il / elle / on**
remplir			il rempl**it**
choisir			
réfléchir	je réfléch**is**		
obéir		tu obé**is**	

	nous	**vous**	**ils / elles**
grossir			ils gross**issent**
rougir			
vieillir	nous vieill**issons**		
réussir		vous réuss**issez**	

Exercice 2

*Complétez les verbes selon la forme du **présent** :*

◆ Exemple : Je fin**is** mon travail à cinq heures.

1. Les étudiants réfléch.......

2. Le pain complet durc...... moins vite que le pain blanc.

3. Vous chois...... le bleu ou le rouge ?

4. L'avion atterr...... à 14 h 18.

5. Les éléphants franch...... la rivière.

6. Je rempl...... une bouteille d'eau.

7. Nous nous réuni...... mardi matin.

8. Je ne réuss...... pas à faire l'exercice.

Exercice 3

Écrivez les verbes entre parenthèses au **présent** :

1. Une seconde. Je (réfléchir) ....

2. Vous (remplir) .... cette fiche, s'il vous plait.

3. Ils (atterrir) .... à l'aéroport d'Orly.

4. Ma plante verte ne (grandir) .... pas beaucoup.

5. Les enfants (applaudir) .... le clown.

6. Il (choisir) .... toujours le plus cher.

7. Mon chien (obéir) .... seulement à mes ordres.

8. Ma vache mange beaucoup mais elle ne (grossir) .... pas.

Exercice 4

Même exercice :

1. Je ne (réussir) .... pas à comprendre.

2. Allez, viens manger, ton déjeuner (refroidir) ....

3 Ce sont vos enfants ? Comme ils (grandir) .... vite !

4. Vite un médecin ! Elle (s'évanouir) ....

5. Eh oui ! Nous (vieillir) .... tous. C'est la vie !

6. Il ne mange plus. Il (maigrir) .... de jour en jour.

7. Attention : des travaux sur la route nationale 7 (ralentir) .... la circulation.

8. Tu ne (obéir) .... jamais.

● ● ● ● ● ● ● ● ● ● ● ●

Le présent (l'indicatif présent)

Je **suis**, je **vais**,...

Verbes irréguliers

Quelques verbes irréguliers utiles

	avoir		être
j'	ai	je	suis
tu	as	tu	es
il / elle / on	a	il / elle / on	est
nous	avons	nous	sommes
vous	avez	vous	êtes
ils /elles	ont	ils / elles	sont
aller		**venir**	
je	vais	je	viens
tu	vas	tu	viens
il / elle / on	va	il / elle / on	vient
nous	allons	nous	venons
vous	allez	vous	venez
ils /elles	vont	ils / elles	viennent
vouloir		**prendre**	
je	veux	je	prends
tu	veux	tu	prends
il / elle / on	veut	il / elle / on	prend
nous	voulons	nous	prenons
vous	voulez	vous	prenez
ils /elles	veulent	ils / elles	prennent
pouvoir		**devoir**	
je	peux	je	dois
tu	peux	tu	dois
il / elle / on	peut	il / elle / on	doit
nous	pouvons	nous	devons
vous	pouvez	vous	devez
ils / elles	peuvent	ils / elles	doivent

Exercice 1

Complétez le tableau :

	je	tu	il / elle / on	nous	vous	ils / elles
être	suis					
avoir		as				
aller					allez	
venir						viennent
revenir			revient			
prendre	prends					
comprendre		comprends				
apprendre					apprenez	
vouloir				voulons		
pouvoir						peuvent

Exercice 2

*Écrivez les verbes entre parenthèses au **présent** :*

1. Tu (avoir) .... un stylo, s'il te plait ?

2. Elle (être) .... coréenne.

3. Vous (avoir) .... des questions ?

4. Je (avoir) .... un problème.

5. Elle (avoir) .... 23 ans.

6. On (être) .... fatigués.

7. Tu (être) .... en retard.

8. Ils (avoir) .... trois enfants.

9. Je (être) .... désolé.

10. Ils (être) .... en vacances à Nice.

Exercice 3

Même exercice :

1. Il ne (comprendre) .... pas.

2. Vous (aller) .... au cinéma, ce soir ?

3. On (vouloir) .... du café et des croissants.

4. Nous (prendre) .... le train à 11 h 35.

5. Je (aller) .... à Orléans en voiture.

6. Ce café (venir) .... de Colombie.

7. Tu (comprendre) .... mon problème ?

8. Elles (apprendre) .... l'espagnol à l'Institut Cervantès.

9. Je (vouloir) .... changer 500 $.

10. Il (revenir) .... demain matin.

Exercice 4

Même exercice :

Tous les jours, depuis 15 ans, je (faire) .... les mêmes gestes.

Je (se lever) .... à 6 h 30. Je (réveiller) .... Oscar, mon mari, et mon fils Mathieu. Oscar (aller) .... dans la cuisine et (préparer) .... le petit déjeuner. Moi, je (prendre) .... mon café et je (regarder) .... mon horoscope dans le journal. Puis je (s'habiller) ....

Je (aller) .... à mon bureau vers 9 h 30. Quand je (arriver) ...., je (téléphoner) .... à quelques amis et je (lire) .... des journaux et des magazines.

À 12 h 30, je (aller) .... dans un petit restaurant à côté du bureau et je (déjeuner) .... avec mes collègues. Notre repas (finir) .... souvent vers 15 h 00. Je (travailler) .... encore deux petites heures, puis je (retourner) .... chez moi.

Le soir, Mathieu et moi, nous (regarder) .... la télévision pendant qu'Oscar (faire) .... la vaisselle.

Exercice 5

Même exercice :

Ma chère Coralie,

Notre voyage (continuer) .... Nous (être) .... aujourd'hui à Pointe-à-Pitre. La Guadeloupe (être) .... vraiment une ile formidable. Il (faire) .... beau et chaud, et le soleil (briller) .... du matin au soir. Nous (aller) .... tous les jours à la plage, nous (se baigner) ...., nous (jouer) .... au volleyball, ou, plus simplement, nous (se reposer) .... sur le sable. Nous (rencontrer) .... beaucoup de touristes mais tout le monde (être) .... très sympathique. Nos voisins, à l'hôtel, (venir) .... d'Avignon. Nous (diner) .... ensemble ce soir.

Demain, nous (partir) .... à l'ile de Marie-Galante.

Nous (penser) .... beaucoup à toi. Ömür te (faire) .... une grosse bise.

Brigitte et Ömür

Le futur simple

Je parler**ai** au directeur.

Nous ir**ons** au restaurant.

• Verbes en -**er**

	parler
je	parler**ai**
tu	parler**as**
il / elle / on	parler**a**
nous	parler**ons**
vous	parler**ez**
ils / elles	parler**ont**

Attention :

acheter ⇨ j'achèterai

payer ⇨ je payerai ou je paierai

se lever ⇨ je me lèverai

• Verbes en -**ir** (du type finir) :

	finir
je	finir**ai**
tu	finir**as**
il / elle / on	finir**a**
nous	finir**ons**
vous	finir**ez**
ils / elles	finir**ont**

• Quelques verbes irréguliers :

avoir	⇨ j'aurai	être	⇨ je serai
aller	⇨ j'irai	venir	⇨ je viendrai
vouloir	⇨ je voudrai	prendre	⇨ je prendrai
pouvoir	⇨ je pourrai	faire	⇨ je ferai
savoir	⇨ je saurai	voir	⇨ je verrai

Exercice 1

Complétez les tableaux :

	je	tu	il / elle / on
chercher			
demander			demande**ra**
manger			
inviter	invite**rai**		
choisir			
remplir		rempli**ras**	

	nous	vous	ils / elles
payer			
remercier			
acheter		achète**rez**	
(se) promener			se promène**ront**
vieillir	vieilli**rons**		
grandir			

Exercice 2

Même exercice :

	je	tu	il / elle / on
avoir			au**ra**
être			
aller			
venir	viend**rai**		
apprendre		apprend**ras**	
vouloir			voud**ra**
voir			
faire			
pouvoir		pour**ras**	
partir			parti**ra**
dire			di**ra**
écrire			

	nous	vous	ils / elles
avoir			
être		serez	
aller			iront
venir	viendrons		
apprendre			
vouloir			
voir		verrez	
faire			feront
pouvoir			
partir			
dire			
écrire		écrirez	

Exercice 3

*Mettez les verbes entre parenthèses au **futur** :*

◆ Exemple : On (aller) **ira** au cinéma, à 19 h 30, avant d'aller au restaurant.

1. Nous (voyager) .... pendant la nuit.

2. Vous (remercier) .... vos parents pour ce cadeau.

3. Tu (aller) .... à la pharmacie et tu (demander) .... de l'aspirine.

4. Vous (apporter) .... du champagne, n'est-ce pas ?

5. Elles (être) .... certainement très fatiguées quand elles (arriver) ....

6. Je (acheter) .... des fraises au marché pour ce soir.

7. On (ne pas venir) .... avant 20 h 00.

8. Je suis sûr que tu (réussir) .... cet examen.

9. Tu (essayer) .... d'arriver à l'heure.

10. On (visiter) .... le château l'après-midi.

11. Vous (pouvoir) .... partir dans 5 minutes.

12. Il (faire) .... la vaisselle quand il (rentrer) ....

Exercice 4

Même exercice :

1. Nous (être) .... à la gare quand tu (arriver) ....

2. Vous (avoir) .... une réponse lundi prochain.

3. Je (demander) .... à mon directeur.

4. Antoine te (dire) .... pourquoi je ne peux pas venir.

5. Ils te (faxer) .... la réponse quand ils l'(avoir) ....

6. Tu (prendre) .... une tranche de jambon aussi.

7. Les cerises (couter) .... moins cher le mois prochain.

8. La réunion ne (se terminer) .... pas avant 19 h 00.

9. Je (retrouver) .... Benoit devant la gare Saint-Lazare.

10. L'autocar (quitter) .... l'université à 7 h 00 exactement.

11. Tu (pouvoir) .... venir chez moi la semaine prochaine.

12. Elle ne (vouloir) .... pas partir sans dire au revoir à son père.

Exercice 5

Même exercice :

Un journaliste à la télévision :

« Le président du Panamá, monsieur Endara, (venir) .... en visite officielle en France, la semaine prochaine. Voici le programme de sa visite dans notre pays. Le président Endara (arriver) .... à Paris le 12 juin. Il (aller) .... au Palais de l'Élysée et (rencontrer) .... le président français. Le 13 juin, le président Endara (commencer) .... sa journée par une visite du musée du Louvre. Il (faire) .... une courte visite au ministère des Affaires étrangères et (déjeuner) .... ensuite avec le Premier ministre français.

M. Endara (partir) .... pour l'Amérique centrale le 14 juin. »

Exercice 6

Même exercice :

Claude et Dominique expliquent leurs projets pour leur nouvelle maison :

«Nous (signer) .... le contrat de vente lundi prochain et nous (avoir) .... les clés de la maison lundi également. C'est une vieille maison alors nous (faire) .... quelques travaux de rénovation. Les travaux dans la salle de bains ne (commencer) .... pas avant la fin du mois mais l'électricien (venir) .... mardi. Nous (essayer) .... de faire nous-mêmes un maximum de choses. Nous vous (inviter) .... tous pour une grande fête quand la maison (être) .... prête. »

Exercice 7

Même exercice :

Météorologie.

« Il (faire) .... beau demain sur tout l'ouest de la France. Il y (avoir) .... quelques pluies sur l'est. Ces pluies (passer) .... rapidement mais elles (pouvoir) .... être très fortes. Le vent (souffler) .... avec violence sur la côte nord.

Le sud de la France (être) .... chaud mais nuageux.

Les températures (augmenter) .... l'après-midi dans le sud mais elles (rester) .... stables dans le nord.

Après-demain, la chaleur (gagner) .... la région au nord de la France et vous (pouvoir) .... laisser votre parapluie à la maison. »

Exercice 8

*Complétez les phrases avec la forme **aller** + **verbe** ou avec le **futur** :*

1. Dans un bureau :

    – Il est 10 h 00 et Marc n'est pas encore là !

    – Attends, je (lui téléphoner) ....

    – Ah, oui ! C'est vrai ! Il a un téléphone portable maintenant !

2. Madame Rétrasault, le matin :

    – Les enfants ! Vous (ne pas oublier) .... de fermer la fenêtre avant de partir.

3. Au 21ᵉ étage d'un immeuble, une maman à son enfant qui se penche à la fenêtre :

    – Attention ! Tu (tomber) ....

4. Le secrétaire de la directrice :

    – Madame, Monsieur Dalgalian est ici.

    – Bien, faites-le entrer.

    – Entrez, Monsieur. Madame la Directrice (vous recevoir) ....

5. Devant le théâtre :

    – Bonsoir, Julie, bonsoir Paul.

    – Bonsoir Élisabeth. Ton mari n'est pas là ?

    – Il cherche une place pour la voiture. Il (arriver) .... dans une seconde.

6. Yannick a oublié d'apporter des fleurs à Sophie pour son anniversaire :

    – Je te le promets, l'année prochaine, je (ne pas oublier) ....

    – Bien sûr, comme d'habitude !

7. Deux enfants essayent de réparer une vieille radio :

    – Et maintenant, qu'est-ce qu'on fait ?

    – Bon, alors, maintenant, tu (tourner) .... le bouton, là.

    – Non, tu es fou ! Ça (exploser) .... !

8. Un enfant :

    – Quand je (être) .... grand, je (se marier) .... avec maman.

• • • • • • • • • • • • • •

Le passé composé

J'**ai** trouv**é** 100 F dans la rue.

Il **est** part**i** à 5 h 00.

• Le passé composé présente des actions passées, ponctuelles, et d'une durée délimitée dans le passé.

• Formation : **avoir** ou **être** (**au présent**) + **participe passé** du verbe :

	avoir	participe passé
j'	ai	parlé
tu	as	téléphoné
il / elle / on	a	choisi
nous	avons	écrit
vous	avez	compris
ils / elles	ont	répondu

• Quelques verbes irréguliers :

avoir	⇨ j'ai eu	être	⇨ j'ai été	faire	⇨ j'ai fait
vouloir	⇨ j'ai voulu	prendre	⇨ j'ai pris	savoir	⇨ j'ai su
voir	⇨ j'ai vu	devoir	⇨ j'ai dû	offrir	⇨ j'ai offert
ouvrir	⇨ j'ai ouvert				

• On utilise **être** avec :

– les verbes : aller, venir, entrer, sortir, monter, descendre, arriver, partir, passer, rester, tomber, mourir, naitre, apparaitre (et leurs dérivés devenir, revenir, rentrer...)

Attention :

Je **suis** monté en haut de la tour Eiffel.

Le garçon de l'hôtel **a** monté <u>les valises</u> dans la chambre.

Béatrice **est** passée chez moi à 8 h.

On **a** passé <u>toute la matinée</u> à l'hôpital.

	être	participe passé
j'	suis	allé (e)
tu	es	sorti (e)
il / elle / on	est	né (e)(s)
nous	sommes	tombés (es)
vous	êtes	arrivé (e)(s)
ils / elles	sont	descendus (es)

– les verbes précédés de **se** (verbes **pronominaux**) : se laver, s'assoir, se souvenir...

		être	participe passé
je	me	suis	fâché (e)
tu	t'	es	levé (e)
il / elle / on	s'	est	réveillé (e)(s)
nous	nous	sommes	habillés (es)
vous	vous	êtes	perdu (e)(s)
ils / elles	se	sont	rencontrés (es)

Attention :

– à la forme négative :

Elle n'**a pas** réussi ses examens.

Je **ne** suis **pas** allé à l'université hier.

Je **ne** me suis pas réveillé ce matin.

– à la forme interrogative :

As-tu retrouvé tes clés ?

À quelle heure **êtes-vous** arrivé ?

Quand **s'est-elle** couchée ?

● ●

Exercice 1

Complétez les tableaux :

infinitif	participe passé
arriver	
	accepté
commencer	
	demandé

infinitif	participe passé
fermer	
choisir	
	grandi
	réussi

Exercice 2

Complétez les tableaux :

infinitif	participe passé
avoir	
être	
faire	
aller	
	su
	dû
comprendre	
descendre	

infinitif	participe passé
	perdu
répondre	
vendre	
vouloir	
	sorti
	dit
	ouvert
voir	

Exercice 3

*Classez ces verbes dans les colonnes **avoir** et **être** selon leur construction au passé composé :*

acheter	aimer	aller	arriver
comprendre	dire	essayer	(s') habiller
(se) lever	repartir	pouvoir	rencontrer
rester	(se) réveiller	revenir	savoir
sortir	terminer	tomber	vouloir

avoir	être
acheter	aller

Exercice 4

Classez ces verbes selon la fin de leur participe passé :

acheter	aller	(s') appeler	connaitre	découvrir
devoir	dire	donner	écrire	être
faire	finir	lire	(se) maquiller	montrer
offrir	ouvrir	parler	payer	prendre
réussir	sortir	venir	voir	vouloir

-é	-i / -is / -it	-u	autre
parlé	fini	vu	offert
	pris		

Exercice 5

Classez ces participes passés selon la fin de leur infinitif :

allé	appris	demandé	dit
écrit	étudié	eu	fait
fermé	(se) levé	lu	ouvert
parti	pris	réfléchi	sorti
vendu	visité	voulu	vu

-er	-ir	-re	-oir
aller		vendre	

Exercice 6

*Complétez les phrases avec **avoir** :*

◆ Exemple : Les étudiants **ont** apporté du champagne.

1. Katia .... écrit un joli texte.

2. Ils ne .... pas compris la question.

3. Adrien et Chériffa .... répondu à toutes les questions.

4. Je .... expliqué le sens de « fastoche ».

5. Vous .... réfléchi à la question 3 ?

6. Nous ne .... pas encore fini.

7. Marc ne .... pas fait l'exercice n° 7.

8. On .... commencé le texte de la page 373.

9. Tu .... lu le roman de Dubois, *Tous les matins je me lève* ?

10. Elle .... réussi tous ses examens.

Exercice 7

*Complétez les phrases avec **être** :*

◆ Exemple : Il **est** monté sur la table.

1. Caroline .... tombée dans l'escalier ce matin.

2. Je .... sorti pour téléphoner.

3. Le docteur .... arrivé rapidement.

4. Nous .... descendus par l'ascenseur.

5. Ils .... allés à l'hôpital.

6. Charlotte et Guy .... entrés dans la salle.

7. Tu .... restée dans la chambre avec Julie ?

8. On .... venus pour lui apporter des chocolats.

9. Vous vous .... assis sur le lit ?

10. Les amies de Nathalie .... parties en vacances ce matin.

Exercice 8

*Complétez les phrases avec **avoir** ou **être** :*

◆ Exemple : Il **est** sorti à 8 heures.

1. Nous .... invité Julien à notre mariage le 13 juillet.

2. Elle ne .... pas encore téléphoné.

3. Isabelle .... née le 30 avril à 7 h 30.

4. On nous .... indiqué un petit restaurant sympathique.

5. Elles se .... réveillées à 11 h.

6. Il .... trouvé un appartement.

7. Le téléphone .... sonné toute la matinée.

8. Vous .... partis à quelle heure ?

9. Le clown se .... maquillé puis il .... allé avec les enfants.

10. Tu .... écrit une lettre à ton amie japonaise ?

11. Je me .... fâchée avec mon mari hier soir.

12. On .... acheté des fraises au marché.

Exercice 9

*Complétez les phrases avec **avoir** ou **être** :*

◆ Exemple : Je me **suis** levé à 6 h 30.

1. Elles se .... réveillées très tard.

2. Le téléphone me .... réveillé à 5 h.

3. Antoine et Clarisse se .... rencontrés à Chéops, en Égypte.

4. Je le .... rencontré dans un café, samedi.

5. Elle .... pris son bébé puis elle le . . . . lavé.

6. Les enfants se .... lavés dans la rivière.

7. Ma femme me .... quitté et elle .... partie en Italie.

8. On se .... quittés à 19 h 00 à l'aéroport.

9. Elle me .... dit « Joyeux anniversaire » et elle me .... embrassé.

10. Le train .... arrivé. Il .... descendu et nous nous .... embrassés.

Exercice 10

*Complétez les phrases avec **avoir** ou **être** :*

◆ Exemple : Il **est** sorti à 8 heures.

1. Jacques .... venu avec Claire.

2. Les enfants .... partis à l'école.

3. Elle est fatiguée parce qu'elle .... beaucoup marché.

4. La lettre .... arrivée ce matin.

5. Mon fils .... grimpé sur la table et il .... tombé.

6. Après le déjeuner, ils se .... promenés sur la plage.

7. Oscar ne .... jamais monté en haut de la tour Eiffel.

8. Pendant leurs vacances, mes amis .... fait le tour du lac Léman.

9. L'avion .... atterri à 19 h 23.

10. Grand-mère .... descendue à la cave.

11. La voiture .... traversé la ville à 100 km/h

12. Je .... passé chez vous vers 19 h hier soir.

Exercice 11

*Complétez les phrases avec **avoir** ou **être** :*

◆ Exemple : Il **est** sorti à 8 heures.

1. Le réceptionniste de l'hôtel .... monté les valises.

2. Quand ma femme a vu la souris, elle .... montée sur la table.

3. Nous .... sortis du restaurant vers 23 h 00.

4. Tu .... sorti la poubelle ?

5. Il .... descendu l'escalier aussi vite qu'il a pu.

6. L'actrice Marie Queza .... descendue de la voiture et .... entrée dans l'hôtel.

7. Mon pauvre petit chat .... passé toute la nuit dehors.

8. On .... passé par Paris, Fontainebleau, et Orléans.

9. Je .... rencontré Constance au théâtre.

10. Ma femme et moi, nous nous .... rencontrés dans une cabine téléphonique.

Exercice 12

*Écrivez les verbes entre parenthèses au **passé composé** :*

◆ Exemple : Eugénie (manquer) **a manqué** le bus ce matin.

1. Vous (terminer) .... votre travail ?

2. Mélissa (écrire) .... à son amie Pélagie.

3. Le professeur (arriver) .... en retard.

4. Hubert (aller) .... à Bordeaux pour jouer au football.

5. Nous (aimer) .... surtout le début du film.

6. Elles (vouloir) .... téléphoner au Japon mais elles (ne pas réussir) ....

7. On (faire) .... la fête jusqu'à 4 h du matin.

8. Florence (ouvrir) .... une bouteille de champagne.

9. Valérie (s'habiller) .... très vite pour ne pas être en retard.

10. Romain (monter) .... dans l'arbre pour cueillir les cerises.

11. Tu (comprendre) .... ce qu'il (dire) .... ?

12. Elle (être) .... très malade l'année dernière.

Exercice 13

Même exercice :

1. Ma femme (se fâcher) .... quand elle (voir) .... la facture de téléphone.

2. Il (venir) .... à la maison la semaine dernière.

3. Je (s'ennuyer) .... pendant tout le film.

4. Le cours de chinois (commencer) .... le 15 septembre.

5. Le vase (tomber) .... par terre et il (se casser) ....

6. L'avion (partir) .... avec 30 minutes de retard.

7. On (voler) .... ma voiture la nuit dernière.

8. Le téléphone (sonner) .... mais personne ne (répondre) .... quand je (décrocher) ....

9. Un étudiant (trouver) .... une montre dans la salle 509.

10. Je (essayer) .... de vous contacter mais je (ne pas réussir) .... à vous joindre.

Exercice 14

Même exercice :

1. Tu (ne pas lire) .... le journal aujourd'hui !

2. Rosalie (ne pas vouloir) .... venir avec nous.

3. Le livre que nous (commander) .... (ne pas arriver) ....

4. Nous (ne pas comprendre) ....

5. Grand-père (ne pas prendre) .... ses médicaments.

6. Il (ne pas faire) .... la vaisselle.

7. Je (ne pas avoir) .... de chance, je (perdre) ....

8. La boulangerie (ne pas ouvrir) .... ce matin.

9. Le professeur (ne pas se réveiller) .... hier matin.

10. Armand (avoir) .... un problème, il (ne pas aller) .... à son rendez-vous.

11. Vous (ne pas sortir) .... ce weekend ?

12. Vous (ne pas penser) .... à l'anniversaire de Lucie ?

Exercice 15

Écrivez les phrases à la forme interrogative :

◆ Exemple : (tu / manger) au restaurant à midi ? ⇨ **As-tu mangé** au restaurant à midi ?

 1. (vous / lire) ma lettre ? ⇨...

 2. (il / se laver) les mains ? ⇨...

 3. (tu / prendre) beaucoup d'argent ? ⇨...

 4. (vous / faire) un bon voyage ? ⇨...

 5. (il / se fâcher) à cause de moi ? ⇨...

 6. (vous / voir) madame Aisservy ? ⇨...

 7. (tu / vendre) beaucoup de fraises, hier ? ⇨...

 8. (ils / se rencontrer) à Paris ? ⇨...

 9. (vous / avoir) votre argent ? ⇨...

10. (elle / essayer) de téléphoner ? ⇨...

11. (je / répondre) à votre question ? ⇨...

12. (vous / aller) au parc Astérix ? ⇨...

Exercice 16

*Écrivez le texte suivant au **passé composé** :*

Départ en vacances.

Gaston (mon mari) et moi, nous nous réveillons à quatre heures. Je réveille les enfants. Gaston prépare le petit-déjeuner puis il fait sa toilette. Nous prenons le petit déjeuner tous ensemble. Bien sûr, nous n'oublions pas de nous brosser les dents ensuite. Les enfants s'habillent. Je me maquille rapidement. Puis nous montons dans la voiture. Gaston ferme l'eau et le gaz (mais pas l'électricité !) et nous partons. Nous revenons une heure plus tard à la maison pour chercher les valises oubliées dans le garage.

....

....

....

....

....

● ● ● ● ● ● ● ● ● ● ● ● ● ●

L'imparfait

Elle **était** très surprise.
Il **faisait** un temps splendide.

• L'imparfait présente des descriptions ou des états passés dont on ne connait pas les limites dans le temps :

J'**étais** malade hier.

Les oiseaux **chantaient**.

• Formation : la forme du **verbe au présent** avec **nous** + les **terminaisons de l'imparfait** (voir ci-dessous) ; *sauf* le verbe **être** ⇨ j'étais.

	parler	
	présent	**imparfait**
je		parlais
tu		parlais
il / elle / on		parlait
nous	parlons	parlions
vous		parliez
ils / elles		parlaient

	finir	
	présent	**imparfait**
je		finissais
tu		finissais
il / elle / on		finissait
nous	finissons	finissions
vous		finissiez
ils / elles		finissaient

	être
	imparfait
j'	étais
tu	étais
il / elle / on	était
nous	étions
vous	étiez
ils / elles	étaient

Exercice 1

Complétez le tableau :

	je	tu	il / elle / on
regarder		regardais	
changer	changeais		
faire			faisait
réfléchir		réfléchissais	
être			était
lire		lisais	
apprendre	apprenais		
boire	buvais		

Exercice 2

Même exercice :

	nous	vous	ils / elles
visiter			visitaient
placer		placiez	
offrir	offrions		
ouvrir	ouvrions		
pouvoir			pouvaient
connaitre		connaissiez	
vendre	vendions		
voir			voyaient

Exercice 3

*Écrivez les verbes entre parenthèses à l'**imparfait** :*

◆ Exemple : Un autobus (passer) **passait** dans la rue.

1. Le soleil (briller) ....

2. Vous (manger) .... des croissants au petit déjeuner.

3. La secrétaire (téléphoner) .... à un client.

4. Je (habiter) .... à Paris, près du musée Picasso.

5. Adèle (tourner) .... les pages du livre.

6. Nous (chercher) .... une place pour la voiture.

7. On (être) .... heureux.

8. Tu (vouloir) .... partir en voyage à Venise.

9. Les enfants (se lever) .... à 7 h.

10. Un avion (traverser) .... le ciel.

11. Je (se promener) .... dans les petites rues de Toulouse.

12. La machine à café (ne pas fonctionner) ....

Exercice 4

*Écrivez le texte à l'**imparfait** :*

Nous marchons sur la plage. Le soleil est chaud. Des oiseaux volent au-dessus de nos têtes. Ils ont l'air heureux. Nous aussi, nous sommes heureux. Des enfants se baignent dans l'eau encore un peu froide. Nous regardons les bateaux qui sont au loin sur la mer. Ils attendent de pouvoir entrer dans le Bosphore.

....

....

....

Exercice 5

*Écrivez les verbes entre parenthèses à l'**imparfait** :*

Quand je (être) .... enfant, je (aller) .... souvent avec ma mère au marché. Nous (aller) .... au marché pour, bien sûr, acheter des fruits et des légumes. Mais ma mère (connaitre) .... beaucoup de marchands et elle (aimer) .... surtout parler avec eux. Il y (avoir) .... en particulier, un vieux marchand qui (venir) .... toujours au marché avec son chat. Ses légumes (ne pas être) .... meilleurs que ceux des autres marchands, mais ma mère (acheter) .... toujours quelques carottes ou quelques laitues à ce vieil homme parce qu'elle (trouver) .... beaucoup de plaisir à parler avec lui.

Exercice 6

Même exercice :

Je travaille maintenant à Paris mais, l'année dernière, je (travailler) .... à l'université de Barcelone, en Espagne. Là-bas, la vie (être) .... bien différente. Dans la rue, les gens (sembler) .... toujours avoir le temps et on ne les (voir) .... jamais courir comme à Paris. Ils (avoir) .... également toujours l'air d'être heureux. À l'université aussi, tout le monde (étudier) .... dans une ambiance agréable, même si les cours et les examens (être) .... aussi difficiles qu'en France.

Le soir, la nuit, tout le monde (sortir) .... Les gens (chanter) .... et (danser) .... dans les rues et ils nous (inviter) .... souvent à faire la fête avec eux.

Exercice 7

*Écrivez les verbes entre parenthèses au **passé composé** ou à l'**imparfait** :*

1. Les étudiants (ne pas être) .... pas là quand il (arriver) ....

2. On (regarder) .... une vidéo. Tout à coup, le magnétoscope (s'arrêter) ....

3. Il (ne pas avoir l'air) .... très en forme quand je le (rencontrer) .... la semaine dernière.

4. Je (travailler) .... avec mon ordinateur quand il y (avoir) .... une panne d'électricité.

5. Il (faire) .... beau, nous (s'installer) .... pour commencer notre piquenique et, tout d'un coup, la pluie (se mettre) .... à tomber.

6. « Chérie ! Je (faire) .... la vaisselle pendant que tu (regarder) .... la télévision. »

7. Casimir (traverser) .... la rivière. Tout à coup, un énorme crocodile (sortir) .... de l'eau et (manger) .... Casimir.

8. Ma femme (quitter) .... la maison pendant que je dormais.

9. Justine (être) .... en train de lire une BD quand la directrice (entrer) .... dans le bureau.

10. Quand nous (visiter) .... le château d'Aulx, le musée historique (ne pas exister) .... encore.

11. Pendant que tu (revenir) .... de chez Natacha, elle (téléphoner) .... : tu (oublier) .... ton portefeuille chez elle.

12. Le Titanic (traverser) .... l'Atlantique. Tout à coup, il (heurter) .... un iceberg et il (couler) ....

Exercice 8

Même exercice :

Mon mari (être) .... fatigué. On (rentrer) .... d'une soirée ennuyeuse avec son directeur. Il (avoir) .... très envie d'aller dormir. Le lendemain, il (devoir) .... se lever tôt. On (arriver) .... à la maison après un voyage de quelques minutes. Je (rentrer) .... la voiture dans le garage. Mon mari (entrer) .... dans la maison et il (allumer) .... une lampe. Et tout à coup,... « SURPRISE ! ». Tous ses amis (être) .... là pour fêter son anniversaire.

Exercice 9

Même exercice :

Jean Cros était le meilleur cycliste de ce tour de France 1997. En ce 18 juillet, il (savoir) .... qu'il (aller) .... gagner. Tous les autres cyclistes (rester) .... loin derrière lui. Sur le bord de la route, les gens (applaudir) ....

Tout à coup, un homme (sortir) .... d'un groupe de personnes et (se mettre) .... devant lui pour prendre une photo. Jean Cros (ne pas pouvoir) .... éviter l'homme et ils (tomber) .... tous les deux

Exercice 10

Même exercice :

Émilie (arriver) .... à la Martinique le 14 juillet. Il (faire) .... beau et chaud alors qu'à Paris, ce même jour, il (pleuvoir) .... Comme c'était le jour de la fête nationale, toutes les rues (être) .... décorées. Le soir, elle (aller) .... au bal pour danser et elle (rencontrer) .... un beau et grand Martiniquais.

Exercice 11

Même exercice :

1. – Pourquoi est-ce que tu ne m'as pas parlé de ton problème ?
   – Je (avoir) .... peur.

2. – Armand a téléphoné tout à l'heure.
   – Ah, bon ! Qu'est-ce qu'il (dire) .... ? Qu'est-ce qu'il (vouloir) .... ?

3. – Mais ! Tu n'as pas apporté de pain ?
   – Non, il (ne plus y avoir) .... de pain à la boulangerie quand je (arriver) ....

4. – Messieurs, mesdames, contrôle des billets, s'il vous plait !
   – Oh, je (oublier) .... de le composter.

5. – Bien, vous avez tous fait votre exercice de grammaire ?
   – Monsieur ! Je le (faire) .... mais mon chien (manger) .... mon cahier hier soir.

6. – Tu as vu Lucie aujourd'hui ?
   – Non, mais elle me (téléphoner) ....

7. – Alors, vous avez un problème avec votre téléviseur ?
   – Oui, je (vouloir) .... l'allumer mais l'écran (rester) .... noir.

8. – Valentin n'est pas là ?
   – Non, il (être) .... pressé et il (partir) .... à 5 h 00.

9. – Maman, je peux avoir un bonbon ?
   – Non, tu en (manger) .... un tout à l'heure.

10. – C'était l'anniversaire de Lionel hier ?
    – Oui, nous lui (offrir) .... un gros bouquet de fleurs.

11. – Tu as retrouvé Ghislain ?
    – Oui, il (jouer) .... au foot avec le petit voisin d'à côté.

12. – Eh bien ! Dites-moi, j'ai l'impression que vous aimez la tarte à l'ognon !
    – Oui, et pourtant, quand je (être) .... petit, je (détester) .... ça.

Exercice 12

Même exercice :

« Le prince Ypal n'était pas heureux. Pourtant, il (avoir) .... un beau château, il (porter) .... de beaux vêtements, il (manger) .... chaque jour de bonnes choses, ses amis le (admirer) ...., et son père (être) .... riche. Hélas, le prince Ypal (se sentir) .... seul. Il (passer) .... ses journées avec ses amis, mais le soir ses amis (partir) .... et le prince (se retrouver) .... seul devant sa télévision.

Un jour, le prince (se promener) .... à cheval, dans une forêt et, tout à coup, sur la route, il (voir) .... un petit agneau, seul lui aussi. Le prince Ypal (prendre) .... l'agneau dans ses bras.

Quelques instants plus tard, le prince (rencontrer) .... une belle jeune fille. Elle (pleurer) .... sur le bord de la route. Il (s'approcher) .... Quand la jeune fille (voir) .... le prince, elle (se lever) .... et elle (courir) .... vers le prince en criant : " Mon agneau, mon petit agneau... Vous (trouver) .... mon petit agneau ! "

La jeune fille (embrasser) .... l'agneau, puis le prince et de nouveau l'agneau. La jeune fille (s'appeler) .... Cécile Maime.

Bien sûr, le prince Ypal et la jeune Cécile Maime (se marier) .... mais ils (ne pas avoir) .... beaucoup d'enfants. »

Exercice 13

Même exercice :

Martin avait 10 ans. Il (aimer) .... beaucoup les histoires que lui (raconter) .... ses parents. Le soir, quand il (aller) .... se coucher, ses parents lui (lire) .... toujours une histoire.

Un jour, il (aller) .... voir son amie, Constance. Constance (avoir) .... 10 ans aussi et elle (habiter) .... dans la même rue que Martin. Martin (demander) .... à Constance : « Est-ce que tu veux venir avec moi ? ». Martin (vouloir) .... vivre une aventure et partir à la découverte du monde qu'il (ne pas connaitre) ....

Constance (répondre) .... : « Oui, d'accord ! » Elle (monter) .... dans sa chambre, (ouvrir) .... sa tirelire et (prendre) .... tout l'argent qu'elle (posséder) .... pour partir avec Martin.

Constance et Martin (aller) .... à la gare pour prendre le train. Il y (avoir) .... justement un train qui (attendre) .... Alors, Constance et Martin (monter) .... dans une voiture et (trouver) .... deux places face à une vieille femme. La vieille femme (être) .... très gentille. Elle leur (offrir) .... des gâteaux et (discuter) .... longuement avec eux. Après deux heures de voyage, un contrôleur (passer) .... et (découvrir) .... que Constance et Martin (ne pas avoir) .... de billet. Leur voyage (s'arrêter) .... à la gare suivante.

LES
RELATIONS
MODALES

L'impératif

Sort**ez** !

Atten**ds** !

	présent	impératif
parler	tu parles vous parlez nous parlons	parle parlez parl**ons**
finir	tu finis vous finissez nous finissons	finis fin**issez** fin**issons**
sc lcvcr	tu te lèves vous vous levez nous nous levons	lève-**toi** lev**ez-vous** lev**ons-nous**

Attention :

– à ces verbes :

être ⇨ sois, soyez, soyons   avoir ⇨ aie, ayez, ayons   savoir ⇨ sache, sachez, sachons

– à la place du pronom :

Tu le prends.   ⇨ Prends-**le** !

Vous lui téléphonez.   ⇨ Téléphonez-**lui** !

– aux pronoms **y** et **en** :

Va à la poste maintenant !   ⇨ **Vas-y** maintenant !

Achète deux pains !   ⇨ Achèt**es-en** deux !

– à la négation :

Pose le vase sur la table.   ⇨ **Ne** pose **pas** le vase sur la table.

Écoutez-la.   ⇨ **Ne** l'écoutez **pas**.

Dis-lui bonjour !   ⇨ **Ne** lui dis **pas** bonjour !

Exercice 1

Complétez les tableaux :

	présent		impératif	
arrêter	tu arrêtes	vous arrêtez	arrête	arrêtez
montrer				
choisir				
réfléchir				
venir				
partir				
prendre				

	présent		impératif	
lire				
boire				
répondre				
s'habiller				
se taire				
se souvenir				

Exercice 2

Transformez les phrases comme dans les exemples :

◆ Exemples : tu / prendre / un taxi　　　⇨ **Prends** un taxi !

　　　　　　vous / demander / au guichet n° 3　⇨ **Demandez** au guichet n° 3 !

1. tu / être /gentil　　　　　　　　⇨ ....

2. nous / parler / français, s'il vous plait　⇨ ....

3. vous / fermer / la porte　　　　　⇨ ....

4. tu / venir / à la maison　　　　　⇨ ....

5. nous / aller / à la campagne　　　⇨ ....

6. vous / attendre / un instant　　　⇨ ....

7. tu / regarder / la jolie voiture　　⇨ ....

8. vous / lire / le texte de la page 14　⇨ ....

9. tu / ouvrir / la porte immédiatement　⇨ ....

10. vous / sortir / d'ici　　　　　　　⇨ ....

11. vous / tourner / tout de suite à droite　⇨ ....

12. tu / manger / ta soupe　　　　　⇨ ....

Exercice 3

Transformez les phrases comme dans les exemples :

◆ Exemples : Vous me présentez votre amie ?　⇨ **Présentez-moi** votre amie !

　　　　　　Tu lui diras bonjour.　　　　⇨ **Dis-lui** bonjour !

1. Tu lui envoies une carte postale ?　⇨ ....

2. Vous les remercierez pour moi.　　⇨ ....

3. Maman, tu m'achètes une sucette ?　⇨ ....

4. Vous vous souvenez de ce que j'ai dit ?　⇨ ....

5. Nous nous levons vers 6 h 00 ?　⇨ ....

6. Nous nous promenons dans les bois.　⇨ ....

7. Tu y vas demain ?　　　　　　　⇨ ....

8. Tu en prendras un kilo. ⇨ ....

9. Vous vous taisez ? ⇨ ....

10. Vous en mangez chaque matin ? ⇨ ....

11. Tu lui écriras une jolie lettre. ⇨ ....

12. Vous me montrez votre texte ? ⇨ ....

Exercice 4

Mettez les phrases à la forme négative :

◆ Exemple : Ferme la porte !   ⇨ **Ne** ferme **pas** la porte !

1. Asseyez-vous ! ⇨ ....

2. Arrêtez-vous ici ! ⇨ ....

3. Commence sans moi ! ⇨ ....

4. Attendez-moi ! ⇨ ....

5. Prends le métro ! ⇨ ....

6. Dites-moi que vous m'aimez ! ⇨ ....

7. Invite-la à ta soirée ! ⇨ ....

8. Remerciez-moi ! ⇨ ....

Exercice 5

Remplacez le complément souligné par le pronom entre parenthèses :

◆ Exemple : Dis bonjour **à la dame** (lui) !   ⇨ **Dis-lui** bonjour !

1. Offre des fleurs <u>à ta femme</u> (lui) ! ⇨ ....

2. Présentez <u>votre petite amie</u> à vos parents (la) ! ⇨ ....

3. Ne montre pas <u>ma lettre</u> à Vanessa (la) ! ⇨ ....

4. Posez <u>la lettre</u> sur le bureau (la) ! ⇨ ....

5. Pense <u>à prendre tes médicaments</u> (y) ! ⇨ ....

6. Dites <u>à Natacha</u> de venir (lui) ! ⇨ ....

7. Ne parle pas <u>à tes collègues</u> de ce problème (leur) ! ⇨ ....

8. Mettez <u>le fauteuil</u> près de la fenêtre (le) ! ⇨ ....

9. N'invite pas <u>les voisins</u> (les) ! ⇨ ....

10. Demandez <u>à Christian</u> (lui) de me téléphoner demain ! ⇨ ....

11. Va <u>à la poste</u> maintenant (y) ! ⇨ ....

12. Remercie <u>ta mère</u> de ma part (la) ! ⇨ ....

● ● ● ● ● ● ● ● ● ● ● ● ●

Le conditionnel de politesse

Pourriez-vous m'aider, s'il vous plait ?
J'aimerais partir un peu plus tôt aujourd'hui.

Formation : **futur + imparfait = conditionnel** :

	futur	imparfait	conditionnel
aimer	j'aimer**ai** tu aimer**as** il / elle / on aimer**a** nous aimer**ons** vous aimer**ez** ils / elles aimer**ont**	j'aim**ais** tu aim**ais** il / elle / on aim**ait** nous aim**ions** vous aim**iez** ils / elles aim**aient**	j'aimer**ais** tu aimer**ais** il / elle / on aimer**ait** nous aimer**ions** vous aimer**iez** ils / elles aimer**aient**

● ●

Exercice 1

Complétez le tableau :

	je	tu	il / elle / on	vous
aimer	aim**erais**			
désirer				désir**eriez**
souhaiter			souhait**erait**	
vouloir		voud**rais**		
pouvoir				pour**riez**
avoir		au**rais**		
savoir	sau**rais**			
prendre			prend**rait**	

Exercice 2

Transformez les phrases comme dans l'exemple :

◆ Exemple : Maman, je **veux** un gâteau.   ⇨ Maman, je **voudrais** un gâteau.

1. Nous <u>souhaitons</u> connaitre le prix d'un billet
   Paris-Washington.   ⇨ ....

2. Vous <u>pouvez</u> me dire où sont les toilettes ?   ⇨ ....

3. Bonjour monsieur, je <u>veux</u> un kilo de pommes,
   s'il vous plait.   ⇨ ....

4. <u>As</u>-tu un stylo, s'il te plait ?   ⇨ ....

5. Tu <u>peux</u> m'aider à déménager samedi ?   ⇨ ....

6. Elle <u>préfère</u> prendre le train.   ⇨ ....

7. Papa, est-ce que je <u>peux</u> prendre la voiture ce soir ?   ⇨ ....

8. Pardon, vous n'<u>avez</u> pas un franc ou deux ?   ⇨ ....

9. <u>Savez</u>-vous qui a pris le dictionnaire ?   ⇨ ....

10. <u>Prends</u>-tu un café avec moi ?   ⇨ ....

11. Vous <u>pouvez</u> me passer le sel, s'il vous plait ?   ⇨ ....

12. On <u>veut</u> aller au parc Astérix.   ⇨ ....

Exercice 3

Ecrivez les verbes entre parenthèses au **conditionnel** :

◆ Exemple : Ils (vouloir) **voudraient** plus de temps pour finir leur exercice.

1. (pouvoir) ....-vous m'aider ?

2. (savoir) ....-vous me dire où est la place Tycien ?

3. On (préférer) .... partir avant midi.

4. Émilie (aimer) .... que tu lui téléphones.

5. (connaitre) ....-tu un bon restaurant mexicain à Paris ?

6. (aimer) ....-vous visiter l'école ?

7. Cela me (intéresser) .... beaucoup d'aller dans le sud de la France.

8. Bonjour Armand. Euh... je (avoir) .... besoin d'un peu d'argent...

Exercice 4

Même exercice :

1. Vous (préférer) .... visiter une centrale nucléaire ou un château ?

2. Est-ce que vous (pouvoir) .... éteindre votre cigarette, s'il vous plait ?

3. Pardon, madame, vous (ne pas avoir) .... un peu de temps pour répondre à quelques questions ?

4. (pouvoir) ....-tu essayer d'arriver à l'heure la prochaine fois ?

5. Elle (ne pas préférer) .... se reposer un peu après déjeuner ?

6. Vous (ne pas pouvoir) .... faire attention ?

7. Tu (ne pas vouloir) .... qu'on aille manger dans un très bon restaurant ?

8. (vouloir) ....-vous que je vous appelle un taxi ?

Le subjonctif

Elle voudrait que tu appor**tes** des fleurs.

Il faut que j'**aille** à Marseille.

	présent	
	indicatif	subjonctif
parler	ils **parl**ent vous **parl**ez	je parle tu parles il / elle / on parle ils / elles parlent nous parlions vous parliez
finir	ils **finiss**ent vous **finiss**ez	je finisse tu finisses il / elle / on finisse ils / elles finissent nous finissions vous finissiez
prendre	ils **prenn**ent vous **pren**ez	je prenne tu prennes il / elle / on prenne ils / elles prennent nous prenions vous preniez
boire	ils **boiv**ent vous **bu**vez	je boive tu boives il / elle / on boive ils / elles boivent nous buvions vous buviez

- Quelques verbes difficiles :

étudier	⇨ j'étudie / vous étudiiez	rire	⇨ je rie / vous riiez
avoir	⇨ j'**aie** / vous **ayez**	être	⇨ je **sois** / vous **soyez**
vouloir	⇨ je **veuill**e / vous **voul**iez	pouvoir	⇨ je **puisse** / vous **puissiez**
savoir	⇨ je **sache** / vous **sach**iez	aller	⇨ j'**aill**e / vous **all**iez
faire	⇨ je **fasse** / vous **fass**iez		

- On utilise le subjonctif avec certains verbes comme :

vouloir	⇨	Il **veut que** tu apportes une tarte aux fraises.
souhaiter	⇨	Gaston **souhaiterait que** vous acceptiez son invitation.
aimer	⇨	J'**aimerais que** tu sois plus gentil avec Nathalie.
préférer	⇨	Je **préfère que** tu ne dises rien.

| falloir | ⇨ **Il faut que** vous arriviez avant 19 h 00. |
| proposer | ⇨ Elle **propose que** l'on parte ensemble vers 9 h 00 demain. |

et avec :

| avant que | ⇨ J'aimerais régler ce problème **avant que** vous partiez. |
| pour que | ⇨ Je vous donne un exemple **pour que** vous puissiez mieux comprendre. |

Attention au sujet du verbe dans la construction au subjonctif :

Je veux qu'il parte.   (IL part.)

mais :

Je veux partir.   (JE pars.)

Exercice 1

Complétez le tableau :

	je	tu	il / elle / on	vous
inviter				invit**iez**
aller		**ailles**		
s'habiller	m'habille			
oublier			oublie	
réussir		réuss**isses**		
sortir	sorte			
venir				veniez
avoir			**ait**	
prendre			prenne	
vendre		vendes		
boire	boive			
vouloir			**veuille**	

Exercice 2

Transformez les phrases comme dans l'exemple :

◆ Exemple : Tu lui écris.   ⇨ Il veut que tu lui **écrives**.

1. Je réfléchis avant de prendre ma décision.   ⇨ Il veut que ....
2. Vous trouvez une solution.   ⇨ Elle veut que ....
3. On se lève tôt demain matin.   ⇨ Il veut que ....
4. Ses enfants voyagent.   ⇨ Elle veut que ....
5. Nous lui donnons un peu d'argent.   ⇨ Il veut que ....
6. Tu vas à sa fête d'anniversaire.   ⇨ Elle veut que ....
7. Vous remerciez vos parents pour leur cadeau.   ⇨ Il veut que ....
8. Florence arrête de fumer.   ⇨ Elle veut que ....

9. Elle connait la vérité. ⇨ Il veut que ....

10. La ville est plus propre. ⇨ Elle veut que ....

11. Tu fais la vaisselle. ⇨ Il veut que ....

12. Christian lui téléphone. ⇨ Elle veut que ....

Exercice 3

*Transformez les phrases en utilisant l'**infinitif** ou le **subjonctif** :*

◆ Exemples : Je veux... (je vois le directeur). ⇨ Je veux **voir** le directeur.

Je veux... (il vienne avec moi). ⇨ Je veux **qu'il vienne** avec moi.

1. Nous voudrions... (vous apportez votre passeport). ⇨ ....

2. Carole veut... (Julien visite le château de Montgeoffroy). ⇨ ....

3. Lydie voudrait... (Lydie trouve un autre travail). ⇨ ....

4. Les écologistes veulent... (on plante plus d'arbres dans les villes). ⇨ ....

5. Mon fils veut... (je lui achète un ordinateur). ⇨ ....

6. Je voudrais... (tu penses à moi plus souvent). ⇨ ....

7. Tu veux... (tu vas en vacances à Tahiti) ? ⇨ ....

8. Mon éditeur veut... (je finis mon livre rapidement). ⇨ ....

9. On voudrait... (on a plus de temps pour se reposer). ⇨ ....

10. Vous voulez... (je vous aide) ? ⇨ ....

11. Léa voudrait... (je l'invite dans un bon restaurant). ⇨ ....

12. Je veux... (j'apprends le japonais). ⇨ ....

Exercice 4

*Écrivez les verbes entre parenthèses au **subjonctif** :*

◆ Exemple : Il aimerait que vous (terminer) **terminiez** votre travail le plus vite possible.

1. Vous voulez que je (porter) .... votre valise ?

2. Il aimerait que tu (prendre) .... le temps de le rencontrer.

3. Nous souhaitons que la direction (améliorer) .... les conditions de travail.

4. Je préfère que tu (être) .... là à 8 h 00.

5. Ghislain voudrait que je le (aider) .... pour son déménagement.

6. Le médecin souhaiterait que tu (boire) .... un peu moins d'alcool.

7. Emma et Ahmed préfèrent qu'on (aller) .... les voir samedi au lieu de vendredi.

8. J'aimerais que tu (faire) .... attention quand tu traverses la rue.

9. Les étudiants souhaitent qu'on (travailler) .... plus l'expression écrite que l'expression orale.

10. Gérard souhaitait que je le (inviter) .... à déjeuner.

11. Je suis sûr qu'elle préfèrerait que tu lui (offrir) .... des fleurs.

12. J'aimerais que vous (découvrir) .... toute la beauté de notre région.

Exercice 5

Transformez les phrases comme dans l'exemple :

◆ Exemple : Je dois partir.   ⇨ **Il faut que je parte.**

1. Tu dois téléphoner à ton frère.   ⇨ ....

2. Vous devez étudier de manière sérieuse.   ⇨ ....

3. On doit trouver une solution.   ⇨ ....

4. Matthias doit faire de la natation.   ⇨ ....

5. Mes amis doivent être à Paris avant 8 h 00 ce soir. ⇨ ....

6. Nous devons choisir un bon restaurant.   ⇨ ....

7. Notre client doit recevoir cette lettre avant lundi. ⇨ ....

8. Vous devez me présenter votre passeport.   ⇨ ....

9. Je dois prendre le train de 14 h 15.   ⇨ ....

10. Vous devez venir nous voir.   ⇨ ....

11. Casimir doit parler à son directeur.   ⇨ ....

12. Vous devez vous excuser.   ⇨ ....

Exercice 6

*Écrivez les verbes entre parenthèses au **subjonctif** :*

◆ Exemple : Il faut que tu (écrire) **écrives** à ta grand-mère.

1. Il faudra que tu lui (dire) .... merci.

2. Il fallait que tu (apporter) .... du champagne.

3. Il faut qu'Ali (avoir) .... un peu de temps pour s'organiser.

4. Il va falloir que je (se fâcher) .... si tu continues.

5. Il va falloir qu'on (traverser) .... la rivière à la nage.

6. Il faudra que nous (pouvoir) .... faire le voyage en une journée.

7. Il fallait que les enfants (sortir) .... plus tôt cet après-midi.

8. Il faut que vous (savoir) .... écouter vos interlocuteurs.

9. Il faudra que tu (fermer) .... la porte avant de partir.

10. Il faudrait que vous (être) .... là-bas avant 9 h 00.

Exercice 7

*Transformez les phrases comme dans l'exemple en utilisant **avant que** :*

◆ Exemple : Il faudra tout préparer / il arrive.   ⇨ Il faudra tout préparer **avant qu'il arrive.**

1. Vite, prends une photo / le petit lapin disparait.
   ⇨ ....

2. Tu iras acheter du pain / la boulangerie ferme.
   ⇨ ....

3. J'aimerais manger quelque chose / on va au cinéma.
   ⇨ ....

4. Je voudrais lui parler / elle part.

   ⇨ ....

5. Il faut que je fasse la vaisselle / ma femme revient de vacances.

   ⇨ ....

6. Tu devrais dire à ton mari d'arrêter de boire / il a un accident de voiture.

   ⇨ ....

7. Mets le chien dehors / il casse tout dans la maison.

   ⇨ ....

8. Fais quelque chose / il est trop tard.

   ⇨ ....

9. Je voudrais encore donner une petite information / vous répondez à ma question.

   ⇨ ....

10. On prend un petit café / vous partez.

   ⇨ ....

Exercice 8

Transformez les phrases comme dans l'exemple en utilisant **pour que** :

◆ Exemple : Je vais t'expliquer / tu comprends.   ⇨ Je vais t'expliquer **pour que tu comprennes.**

1. Je lui ai fait un plan / il peut trouver facilement la maison.

   ⇨ ....

2. Ma femme a donné de l'argent à mes enfants / ils m'offrent un cadeau.

   ⇨ ....

3. Nous avons tout organisé / vous n'avez aucun problème pendant votre séjour.

   ⇨ ....

4. Chaque soir, je travaille avec mon fils / il sait bien ses leçons.

   ⇨ ....

5. Je vous écris ça sur un petit papier / vous n'oubliez pas notre rendez-vous.

   ⇨ ....

6. Le restaurant a fait des travaux / les clients sont encore plus satisfaits.

   ⇨ ....

7. Il faut encore un peu de temps / il s'habitue.

   ⇨ ....

8. La ville a construit un monument / on se souvient des soldats morts à la guerre.

   ⇨ ....

9. Je vais emmener Mélissa à l'école demain / elle n'est pas en retard.

   ⇨ ....

10. On va téléphoner à Rosine / elle va vous chercher à la gare.

   ⇨ ....

● ● ● ● ● ● ● ● ● ● ● ● ●

LES TYPES DE PHRASES

ne... pas, personne... ne, ne... jamais, ...

Je **ne** comprends **pas**.

Elle **n'**a **pas** compris.

• Les formes de la négation :

oui	non
Je parle français.	Je **ne** parle **pas** français.
J'ai de l'argent.	Je **n'**ai **pas** d'argent.
J'ai des problèmes.	Je **n'**ai **pas** de problèmes.
Quelqu'un est venu.	**Personne n'**est venu.
Quelque chose a disparu.	**Rien n'**a disparu.
Tout a été vendu.	**Rien n'**a été vendu.
Je vois quelqu'un.	Je **ne** vois **personne**.
Je vois quelque chose.	Je **ne** vois **rien**.
Il comprend tout.	Il **ne** comprend **rien**.
Adrianne parle encore.	Adrianne **ne** parle **plus**.
Christelle est déjà partie.	Christelle **n'**est **pas encore** partie.
Je l'ai rencontrée une fois.	Je ne l'ai **jamais** rencontrée.
Il prend toujours le bus.	Il **ne** prend **jamais** le bus.
J'ai une télévision et une radio.	Je **n'**ai **pas** de télévision **ni** de radio.
J'ai une télévision et une radio.	Je **n'**ai **ni** télévision **ni** radio.
Charles et Arnault vont venir demain.	**Ni** Charles **ni** Arnault **ne** vont venir demain.
J'ai très faim.	Je **n'**ai **pas** très faim.
J'ai beaucoup d'argent.	Je **n'**ai **pas beaucoup** d'argent.
	Je **n'**ai **que** 50 francs.

• La place de la négation :

Ils **n'**apportent **pas** de champagne.　　Ils **ne** vont **pas** apporter de champagne.

Ils **n'**ont **pas** apporté de champagne.　　Ils souhaiteraient **ne pas** apporter de champagne.

Ils **ne** veulent **pas** apporter de champagne.　　**N'**apportez **pas** de champagne !

Exercice 1

*Mettez les phrases à la forme négative (avec **ne... pas**)*

◆ Exemple : Je vais à Paris demain. ⇨ Je **ne** vais **pas** à Paris demain.

1. Michel est stupide. ⇨ ....

2. Mélissa est très intelligente. ⇨ ....

3. La machine à café fonctionne ce matin. ⇨ ....

4. Helène parle français. ⇨ ....

5. Vous aimez la Bretagne ? ⇨ ....

6. Vos photos sont prêtes. ⇨ ....

7. Elle viendra à la réunion. ⇨ ....

8. Je connais ce restaurant. ⇨ ....

Exercice 2

Même exercice :

1. Le directeur est arrivé. ⇨ ....

2. Votre femme a téléphoné. ⇨ ....

3. Il a pris le train de 17 h 50. ⇨ ....

4. J'ai demandé à la secrétaire. ⇨ ....

5. Nous avons reçu votre lettre. ⇨ ....

6. Elle a oublié mon anniversaire. ⇨ ....

7. Tu as pensé au champagne ? ⇨ ....

8. Nous sommes allés chez ma mère. ⇨ ....

Exercice 3

Même exercice :

◆ Exemple : Elle veut partir avant 10 h 00. ⇨ Elle **ne** veut **pas** partir avant 10 h 00.

1. Il faut avertir la police. ⇨ ....

2. La directrice va aller au Japon. ⇨ ....

3. Il pourra vous aider. ⇨ ....

4. Vous voulez boire quelque chose ? ⇨ ....

5. Je vais tout vous dire. ⇨ ....

6. Les enfants veulent aller au parc Astérix. ⇨ ....

7. Les étudiants débutants peuvent suivre
le cours de civilisation européenne. ⇨ ....

8. Je peux vous voir mercredi prochain. ⇨ ....

Exercice 4

Mettez les phrases à la forme négative :

◆ Exemple : Je sais déjà où j'irai en vacances l'année prochaine.

⇨ Je **ne** sais **pas encore** où j'irai en vacances l'année prochaine.

Tu as besoin de quelque chose ? ⇨ Tu **n**'as besoin de **rien** ?

1. Catherine a déjà fini l'exercice. ⇨ ....

2. Le directeur arrive toujours avant 9 h 00 ⇨ ....

3. Le film est déjà commencé. ➪ ....

4. Tu me parles toujours de ton travail ! ➪ ....

5. Anna a compris quelque chose. ➪ ....

6. Quelqu'un a frappé à la porte. ➪ ....

7. Carmen veut parler à quelqu'un. ➪ ....

8. Vous voulez quelque chose ? ➪ ....

9. Je suis allée en Belgique une fois. ➪ ....

10. Louise écrit encore. ➪ ....

11. Elle comprend tout. ➪ ....

12. Tout fonctionne ! ➪ ....

Exercice 5

*Mettez les phrases à la forme négative (avec **ni... ni**) :*

◆ Exemples : Justine veut voyager en bateau et en avion. ➪ Justine **ne** veut voyager **ni** en bateau **ni** en avion.

Claude et Robert vont skier. ➪ **Ni** Claude **ni** Robert ne vont skier.

1. Audrey mange du poisson et de la viande.

➪ ....

2. Charlotte parle russe et japonais.

➪ ....

3. Pascal a emporté son passeport et sa carte de crédit.

➪ ....

4. Caroline et Amélie ont pensé au champagne.

➪ ....

5. Dans notre maison de campagne, il y a l'eau et l'électricité.

➪ ....

6. Ma sœur aime le thé et le café.

➪ ....

7. Ma famille et mes amis peuvent me prêter de l'argent.

➪ ....

8. Elle a invité Béatrice et Anne.

➪ ....

Exercice 6

Mettez le second verbe des phrases à la forme négative :

◆ Exemples : J'aimerais que vous apportiez du café en classe.

➪ J'aimerais que vous **n'**apportiez **pas** de café en classe.

Il souhaiterait le rencontrer. ➪ Il souhaiterait **ne pas** le rencontrer.

1. Il voudrait que tu parles de cet incident au directeur.

⇨ ....

2. Elle souhaiterait inviter Charlotte à sa soirée d'anniversaire.

⇨ ....

3. Il faudrait que mon père le sache.

⇨ ....

4. J'aimerais aller chez ta mère pendant les vacances.

⇨ ....

5. Marie voudrait travailler le lundi matin.

⇨ ....

6. Mon mari souhaiterait qu'on déménage.

⇨ ....

7. On aimerait avoir cours avant 10 h 00 le matin.

⇨ ....

8. J'aimerais bien qu'il pleuve.

⇨ ....

Exercice 7

*Dans ces phrases, remplacez **seulement** par **ne… que***

◆ Exemple :   J'ai seulement 5 francs.   ⇨ Je **n'**ai **que** 5 francs.

1. Il semble vieux et pourtant il a seulement 60 ans.

⇨ ....

2. Le supermarché est à dix minutes d'ici seulement.

⇨ ....

3. Notre séjour à la Martinique nous a couté seulement 7 000 francs.

⇨ ....

4. J'ai seulement demandé à Jacques.

⇨ ....

5. Vous aurez quinze minutes seulement pour préparer l'examen oral.

⇨ ....

6. Le salaire est de 6 600 francs par mois seulement.

⇨ ....

7. Je suis malheureuse : j'ai maigri de 200 grammes seulement.

⇨ ....

8. Nous avons visité deux châteaux seulement.

⇨ ....

La phrase interrogative simple

Tu comprends ?
Est-ce que vous connaissez Toulouse ?
Allez-vous venir demain ?

- À une phrase interrogative simple, la réponse est **oui** ou **non**.

- Les trois formes de la phrase interrogative :

  phrase affirmative : ⇨ Vous aimez les fleurs.

  phrases interrogatives :

        1. avec l'**intonation** (à l'oral surtout)   ⇨ *Vous aimez les fleurs ?*

        2. avec **est-ce que** (à l'oral surtout)   ⇨ *Est-ce que vous aimez les fleurs ?*

        3. avec **inversion sujet/verbe** (à l'écrit surtout)   ⇨ *Aimez-vous les fleurs ?*

Attention à la troisième forme (inversion sujet/verbe) :

– Aime-**t**-il le chocolat ?

– Habite-**t**-elle à Paris ?

– Va-**t**-on organiser un vin d'honneur après la réunion ?

– Irez-vous à Marseille ? mais Pierre ira-**t**-**il** à Marseille ? La directrice ira-**t**-**elle** à Marseille ?

– Buvez-vous du café tous les jours ? mais **Avez-vous bu** du café ce matin ?

– **Te** souviens-**tu** de notre arrivée à Paris en 1989 ?

– **Philippe se** souvient-**il** de notre arrivée à Paris en 1989 ?

• •

Exercice 1

Transformez ces questions en interrogations avec **est-ce que** :

◆ Exemple : Vous parlez français ?   ⇨ **Est-ce que** vous parlez français ?

1. Tu habites à Madrid ?   ⇨ ....

2. Sahid vient demain matin ?   ⇨ ....

3. Jennifer est déjà allée au mont Saint-Michel ?   ⇨ ....

4. Vous avez des allumettes, s'il vous plait ?   ⇨ ....

5. Tu connais un restaurant sympathique
   et pas trop cher ?   ⇨ ....

6. On va chez Sylvie ce soir ?   ⇨ ....

7. Tu pourrais fermer la fenêtre ?   ⇨ ....

8. Il y aura beaucoup de monde ?   ⇨ ....

9. Tu en veux encore ?   ⇨ ....

10. Vous êtes déjà allés au Maroc ?   ⇨ ....

Exercice 2

*Mettez ces phrases à la forme interrogative avec **est-ce que** et avec l'**inversion sujet/verbe** :*

◆ Exemple : Vous voulez un dessert ou un café ? ⇨ **Est-ce que** vous voulez un dessert ou un café ?

Voulez-vous un dessert ou un café ?

1. Vous pourriez me changer ce billet de 500 francs ?

⇨ ....

2. Tu as le temps de passer à la bibliothèque ?

⇨ ....

3. Il viendra avec sa petite amie ?

⇨ ....

4. On pourra jouer dans le jardin ?

⇨ ....

5. Vous êtes déjà allé au musée des Sciences de la Villette ?

⇨ ....

6. Vous connaissez un bon hôtel à Fontainebleau ?

⇨ ....

7. Tu peux me téléphoner vers 8 h 00 ce soir ?

⇨ ....

8. Elle a reçu ma lettre ?

⇨ ....

Exercice 3

Même exercice :

◆ Exemple : Ton mari aime faire la cuisine ? ⇨ **Est-ce que** ton mari aime faire la cuisine ?
Ton mari **aime-t-il** faire la cuisine ?

1. Julie peut venir dimanche prochain ?

⇨ ....

2. Vos amis connaissent la région ?

⇨ ....

3. L'école organisera quelques excursions autour de Londres ?

⇨ ....

4. Votre université possède une adresse électronique ?

⇨ ....

5. Les chiens sont autorisés dans l'hôtel ?

⇨ ....

6. Le projet a reçu l'accord du directeur ?

⇨ ....

7. Le Festival 1997 a été un bon festival ?

⇨ ....

8. Les étudiants ont apporté du champagne ?

⇨ ....

Exercice 4

◆ Exemple : Vous vous connaissez ?

⇨ **Est-ce que** vous vous connaissez ? Vous **connaissez-vous** ?

1. Vous vous appelez Marc Leblond ?

⇨ ....

2. Tu t'intéresses aux voitures de collection ?

⇨ ....

3. Elle se souvient de l'accident ?

⇨ ....

4. Les oranges se vendent bien en ce moment ?

⇨ ....

5. Les invités se sont beaucoup amusés ?

⇨ ....

6. Vos vacances se sont bien passées ?

⇨ ....

7. Ils se sont revus depuis leur séparation ?

⇨ ....

8. Je t'ai beaucoup manqué pendant mon voyage ?

⇨ ....

9. Maryse vous a parlé de son nouveau travail ?

⇨ ....

10. La réunion se terminera avant 19 h 00 ?

⇨ ....

● ● ● ● ● ● ● ● ● ● ● ● ● ●

quel(s), quelle(s)

Quelle est votre **nationalité** ?
Quelles fleurs préférez-vous ?
Dans quels pays êtes-vous allés ?

masculin singulier	**quel**	**Quel** est votre **nom** ?
		Quel livre faut-il acheter ?
féminin singulier	**quelle**	**Quelle** est votre **nationalité** ?
		Quelle heure est-il ?
masculin pluriel	**quels**	**Quels** sont vos **problèmes** ?
		Quels numéros avez-vous ?
féminin pluriel	**quelles**	**Quelles** sont vos **couleurs** préférées ?
		Quelles villes allons-nous visiter ?

• **quel, quelle, quels, quelles** peuvent être précédés de : **à, de, dans, avec, chez,...**

  À quelle heure allez-vous arriver ?

  De quelle ville viens-tu ?

  Dans quels pays êtes-vous allés ?

  Avec quels collègues voulez-vous travailler ?

  Chez quel dentiste va-t-il ?

• Les trois formes de la phrase interrogative avec **quel(s), quelle(s)** :

  1. sans inversion sujet/verbe (à l'oral surtout) ⇨ Quel livre tu veux ? ou Tu veux quel livre ?

  2. avec **est-ce que** (à l'oral surtout) ⇨ Quel livre est-ce que tu veux ?

  3. avec **inversion sujet/verbe** (à l'écrit surtout) ⇨ Quel livre veux-tu ?

  Attention, pour les phrases interrogatives avec inversion sujet/verbe :

  Quel livre veux-tu ? mais Quel livre Anna veut-elle ?

Exercice 1

Vous êtes secrétaire à l'École Internationale de Français. Posez des questions à un étudiant qui veut s'inscrire à l'école :

Le genre vous est donné entre parenthèses (m) = masculin, (f) = féminin

◆ Exemple : votre nom (m.) ⇨ **Quel est votre nom** ?

1. votre prénom (m) ⇨..

2. votre nationalité (f) ⇨..

3. votre adresse (f) ⇨..

4. votre numéro de téléphone (m) ⇨..

5. vos date et lieu de naissance (m) ⇨ ....

6. votre groupe sanguin (m) ⇨ ....

7. vos principales qualités (f) ⇨ ....

8. vos principaux défauts (m) ⇨ ....

Exercice 2

Vous êtes étudiant. Vous posez des questions à la secrétaire de l'École Internationale de Français

◆ Exemple : le prix des cours ⇨ **Quel est le prix des cours** ?

1. le nombre d'étudiants par classe ⇨ ....

2. la nationalité des autres étudiants ⇨ ....

3. le numéro de la salle de cours ⇨ ....

4. le programme du cours de littérature ⇨ ....

5. les livres utilisés ⇨ ....

6. le nom de la directrice pédagogique ⇨ ....

7. les horaires des cours de français commercial ⇨ ....

8. l'adresse du meilleur restaurant de la ville ⇨ ....

Exercice 3

*Posez des questions (avec **quel**, **quelle**,...) en relation avec les mots soulignés :*

◆ Exemple : Roger est **boulanger**. ⇨ **Quelle est la profession de Roger** ?

1. Les yeux d'Ophélie sont <u>verts</u>. ⇨ ....

2. L'adresse de l'hôtel de l'Europe est
<u>5, rue de Châteaugontier.</u> ⇨ ....

3. Martine a <u>45 ans.</u> ⇨ ....

4. Le disque de Ménélik coute <u>127 francs.</u> ⇨ ....

5. Le cheval blanc d'Henri IV est <u>blanc.</u> ⇨ ....

6. Cette étudiante s'appelle <u>Justine.</u> ⇨ ....

7. Claudio est <u>espagnol.</u> ⇨ ....

8. Le drapeau français est <u>bleu, blanc, rouge.</u> ⇨ ....

Exercice 4

Complétez les phrases avec quel(s) et quelle(s)

◆ Exemple : **Quelles** tomates est-ce que vous voulez, des petites ou des grosses ?

1. .... jour est-ce que vous arrivez, lundi ou mardi ?

2. .... châteaux est-ce que vous voulez visiter ?

3. .... pages est-ce qu'on doit lire pour demain ?

4. .... habitants de la Belgique parlent français, les Wallons ou les Flamands ?

5. À ton avis, ... peinture est-ce que je peux mettre ici, la verte ou l'orange ?

6. .... docteur est-ce que tu vas voir, le dr Hérault ou le dr Ticolli ?

7. .... salle est disponible ce matin ?

8. .... prof est-ce que tu as en biologie ?

Exercice 5

Transformez les phrases comme dans les exemples :

◆ Exemples : Quel jour est-ce que vous partez ? ⇨ **Quel jour partez-vous** ?

Quelle sorte de pomme est-ce que tu mets dans ta tarte aux pommes ?

⇨ **Quelle sorte de pomme mets-tu** dans ta tarte aux pommes ?

1. Quel type d'ordinateur est-ce que vous avez ?
⇨ ....

2. Quels ingrédients est-ce qu'on utilise pour faire une quiche lorraine ?
⇨ ....

3. Quelle réduction est-ce que vous offrez aux étudiants ?
⇨ ....

4. Quelles actions est-ce que le gouvernement va engager contre les terroristes ?
⇨ ....

5. Quelles cassettes est-ce qu'on peut utiliser avec ce magnétoscope, Pal et Secam ?
⇨ ....

6. Quelle carte postale est-ce que vous allez envoyer à grand-mère, la cathédrale ou les vaches ?
⇨ ....

7. Quels films est-ce qu'il y a au cinéma cette semaine ?
⇨ ....

8. Quel médicament est-ce que votre docteur vous donne ?
⇨ ....

Exercice 6

Transformez les phrases comme dans l'exemple :

◆ Exemple : Vous allez dormir dans quel hôtel ? ⇨ **Dans quel hôtel vous allez dormir** ?

1. Vous partez à quelle heure demain matin ?
⇨ ....

2. Tu habites dans quel quartier maintenant ?
⇨ ....

3. Vous allez à quel étage ?
⇨ ....

4. Tu fais tes courses dans quel supermarché ?

⇨ ....

5. Elle est jolie Gisèle, elle va chez quel coiffeur ?

⇨ ....

6. On voyage avec quelle compagnie aérienne ?

⇨ ....

7. Vous venez de quel pays ?

⇨ ....

8. Il faut passer par quelles villes pour aller à Clermont-Ferrand ?

⇨ ....

Exercice 7

*Complétez les questions (avec **quel(s)**, **quelle(s)**, bien sûr !) :*

◆ Exemples : – **À quelle heure** est-ce qu'on part ? – À 6 h 00, demain matin.

– **Avec quelle caméra** est-ce que tu vas filmer la cérémonie ? – Avec la caméra de l'école.

1. – .... est-ce que tu vas ?

– Chez le docteur Heffié.

2. – .... se trouve le lac Titicaca ?

– En Bolivie, non ? Je ne sais pas !

3. – .... est-ce que ton avion arrive ?

– À l'aéroport Charles de Gaulle 2.

4. – .... votre fils est-il né ?

– En 1993.

5. – .... se trouve l'île de Tahiti ?

– Dans l'océan Pacifique.

6. – .... vous allez inscrire votre fille ?

– À l'école Dépadouet.

7. – .... est-ce que vous venez ?

– De Lyon.

8. – .... je peux trouver le livre *Crocodiles* de Philippe Djian ?

– Dans le rayon « littérature française », à droite.

• • • • • • • • • • • • • •

qui est-ce qui, qu'est-ce que,...

Qui est-ce qui va apporter du champagne ?

Qu'est-ce que tu cherches ?

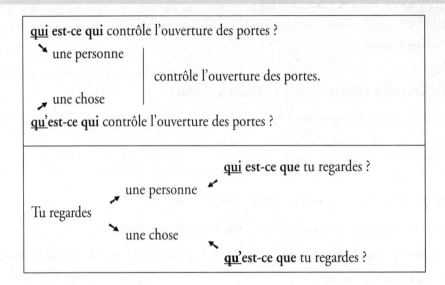

Les trois formes de la phrase interrogative :

avec est-ce qui / que	sans est-ce qui/que (à l'oral surtout)	avec inversion sujet/verbe (à l'écrit surtout)	réponse possible
Qui est-ce qui contrôle l'ouverture des portes ?	Qui contrôle l'ouverture des portes ?	impossible : (**qui** est le sujet)	Louis, le directeur
Qu'est-ce qui contrôle l'ouverture des portes ?	impossible	impossible	le système électronique
Qui est-ce que tu regardes ?	Qui tu regardes ? Tu regardes qui ?	Qui regardes-tu ?	Sylvie
Qu'est-ce que tu regardes ?	*(quoi = que)* Tu regardes quoi ?	Que regardes-tu ?	la télévision

Exercice 1

*Complétez les phrases avec **qui** ou **qu'** (attention à la réponse !) :*

◆ Exemple : – **Qu'**est-ce que vous voulez manger aujourd'hui ?

           – Du poulet !

1. – .... est-ce que tu vas voir ?

    – Ma sœur !

2. – .... est-ce qu'il y a à côté de Frédéric ?

    – Une vieille radio.

3. – .... est-ce qui va faire la vaisselle ?

    – C'est toi !

4. – .... est-ce qui sonne ce soir ?

    – Les cloches de la cathédrale.

5. – .... est-ce que vous allez voir !

– Un film comique.

6. – .... est-ce qui est à gauche de grand-père ?

– Marie Dubois, sa secrétaire.

7. – .... est-ce qui ne marche pas ?

– La machine à café.

8. – .... est-ce que vous attendez ?

– Ma femme.

Exercice 2

Choisissez une réponse parmi les deux proposées :

◆ Exemple : Qu'est-ce que vous attendez ?

❑ Ma sœur. ☒ Mon poulet-frites.

1. Qui est-ce que vous emmenez ?

❑ Juliette. ❑ Un dictionnaire.

2. Qu'est-ce qui fume, comme ça ?

❑ Mon voisin. ❑ L'usine chimique d'à côté.

3. Qu'est-ce qu'ils vont mettre dans cette boite ?

❑ Une spectatrice. ❑ Un fauteuil.

4. Qu'est-ce que tu filmes ?

❑ Hubert dans la piscine ❑ La voiture d'Hubert dans la piscine.

5. Qui est-ce que tu vas chercher ?

❑ Françoise. ❑ Des timbres.

6. Qu'est-ce qui est tombé du balcon ?

❑ Un enfant. ❑ Un pot de fleurs.

7. Qu'est-ce que tu as vu ce matin ?

❑ Mon directeur. ❑ Un défilé de mode.

8. Qui est-ce que vous avez préféré, les enfants ?

❑ Le clown blanc. ❑ Le petit train.

Exercice 3

Complétez les phrases avec **qui** *ou* **que** *(attention au verbe et à son sujet !) :*

◆ Exemple : Qu'est-ce **que** tu regardes ?

1. Qu'est-ce .... vous voulez boire ?

2. Qui est-ce .... veut du poulet ?

3. Qui est-ce .... elle cherche ?

4. Qui est-ce .... veut me parler ?

5. Qu'est-ce .... elle raconte ?

6. Qui est-ce .... vous détestez ?

7. Qu'est-ce .... fait Patricia ce soir ?

8. Qui est-ce .... tu examines ?

9. Qui est-ce .... s'appelle Louis Sevaye ?

10. Qu' est-ce .... flotte sur la rivière ?

11. Qu' est-ce .... te plait ici ?

12. Qui est-ce .... a ouvert la fenêtre ?

155

Exercice 4

Complétez les questions avec **qui est-ce qui**, **qu'est-ce qui**, **qui est-ce que**, **qu'est-ce que** :

Exemple :   – **Qui est-ce qui** est dans la salle de bains ?

                      – Laurence, bien sûr !

1. – .... tu emportes ?

   – Quelques vêtements seulement.

2. – .... a commandé deux pizzas aux olives ?

   – C'est moi !

3. – .... tourne autour de la maison ?

   – Gustave sur sa nouvelle moto.

4. – .... vous voulez installer au premier étage ?

   – Une nouvelle machine à café.

5. – .... mesure 1,55 m ?

   – Le sapin de Noël des voisins.

6. – .... a posé cette pizza aux olives sur mon bureau ?

   – Je ne sais pas.

7. – .... toutes ces personnes attendent ?

   – Le président. Il va bientôt arriver.

8. – .... fait ce bruit au premier étage ?

   – La nouvelle machine à café.

Exercice 5

Écrivez des questions avec **qui est-ce qui**, **qu'est-ce qui**, **qui est-ce que**, **qu'est-ce que**, *en relation avec les mots soulignés* :

◆ Exemple :   **Le directeur** cherche ses lunettes.   ⇨ **Qui est-ce qui** cherche ses lunettes ?

                      Il cherche **son agenda**.   ⇨ **Qu'est-ce qu'**il cherche ?

1. Elle attend <u>Madame Séssure</u>.   ⇨ ....

2. <u>Monsieur Dubois</u> attend Madame Séssure.   ⇨ ....

3. Florence attend <u>l'autobus</u>.   ⇨ ....

4. L'autobus attend <u>le signal du départ</u>.   ⇨ ....

5. Maria regarde <u>la caméra</u>.   ⇨ ....

6. <u>Mes voisins</u> regardent la caméra.   ⇨ ....

7. <u>La caméra</u> surveille Maria.   ⇨ ....

8. La caméra surveille <u>l'entrée de l'immeuble</u>.   ⇨ ....

qui, où, quand...

Tu habites **où** ?
Comment allez-vous ?

Les pronoms interrogatifs

- Les mots interrogatifs de base :

qui	⇨	**Qui** souhaite participer à la soirée du 21 juin ?
que/ qu'/ quoi	⇨	**Que** pensez-vous de cette proposition ?
où	⇨	**Où** allez-vous en vacances ?
quand	⇨	**Quand** est-ce que vous arriverez ?
comment	⇨	**Comment** dit-on *aptal* en français ?
pourquoi	⇨	**Pourquoi** est-ce qu'on va à l'école ?
combien	⇨	**Combien** est-ce qu'il a d'argent ?

- Ces mots interrogatifs peuvent se combiner avec d'autres éléments, par exemple :

à + qui :	⇨	**A qui** téléphones-tu ?
avec + quoi :	⇨	**Avec quoi** tu vas laver la voiture ?
de + où :	⇨	**D'où** arrive-t-il ?
depuis + quand :	⇨	**Depuis quand** connaissez-vous Stéphanie Rivière ?
dans + combien + de temps :	⇨	**Dans combien de temps** partez-vous ?

- Les trois formes de l'interrogation :

sans inversion sujet/verbe (à l'oral surtout)	avec est-ce que (à l'oral surtout)	avec inversion sujet/verbe (à l'écrit surtout)
Qui tu vas voir ? Tu vas voir qui ?	Qui est-ce que tu vas voir ?	Qui vas-tu voir ?
(**que** devient **quoi**) Tu veux quoi ?	Qu'est-ce que tu veux ?	Que veux-tu ?
Où tu habites ? Tu habites où ?	Où est-ce que tu habites ?	Où habites-tu ?
Quand vous partez ? Vous partez quand ?	Quand est-ce que vous partez ?	Quand partez-vous ?
Comment vous voyagez ? Vous voyagez comment ?	Comment est-ce que vous voyagez ?	Comment voyagez-vous ?
Pourquoi tu pleures ? Tu pleures pourquoi ?	Pourquoi est-ce que tu pleures ?	Pourquoi pleures-tu ?
Combien il gagne ? Il gagne combien ?	Combien est-ce qu'il gagne ?	Combien gagne-t-il ?

Attention à l'inversion sujet/verbe :

Qui vas-**tu** voir ? mais Qui Monique va-**t-elle** voir ?

Combien gagne-t-il ? mais Combien **le directeur** gagne-t-il ?

● ●

Exercice 1

*Transformez les phrases comme dans l'exemple, avec **est-ce que** et avec l'**inversion sujet/verbe** :*

◆ Exemple : Vous partez quand ?

⇨ **Quand est-ce que vous partez ?   Quand partez-vous ?**

1. Où vous travaillez ?

⇨ ....

2. Vous mesurez combien ?

⇨ ....

3. Pourquoi vous êtes triste ?

⇨ ....

4. Comment il va ?

⇨ ....

5. Elle demande quoi ?

⇨ ....

6. Ils nous attendent où ?

⇨ ....

7. Tu arriveras quand à Miami ?

⇨ ....

8. Combien il y a de pages dans ton livre ?

⇨ ....

Exercice 2

Même exercice :

◆ Exemple : Grand-mère sort quand de l'hôpital ?

⇨ **Quand est-ce que grand-mère sort de l'hôpital ?   Quand grand-mère sort-elle de l'hôpital ?**

1. Véronique viendra quand à Paris ?

⇨ ....

2. Ton fils travaille où ?

⇨ ....

3. Tes voisins s'appellent comment ?

⇨ ....

4. Pourquoi la mer est salée ?

⇨ ....

5. Combien tes amis payent pour leur appartement ?

   ⇨ ....

6. Comment les oiseaux font leur nid ?

   ⇨ ....

7. Votre usine emploie combien d'ouvriers ?

   ⇨ ....

8. Pourquoi ta femme veut changer de travail ?

   ⇨ ....

Exercice 3

Même exercice :

◆ Exemples : Émilie a téléphoné quand ?

   ⇨ **Quand est-ce qu'Émilie a téléphoné ?**   **Quand Émilie a-t-elle téléphoné ?**

   Les voisins sont allés où en vacances ?

   ⇨ **Où est-ce que les voisins sont allés en vacances ?**   **Où les voisins sont-ils allés en vacances ?**

1. Les dinosaures ont disparu quand ?

   ⇨ ....

2. Où ta fille a trouvé une maison ?

   ⇨ ....

3. Comment Émilie a fait pour trouver du travail ?

   ⇨ ....

4. Le directeur a démissionné pourquoi ?

   ⇨ ....

5. Ta femme a payé combien pour ce truc horrible ?

   ⇨ ....

6. Les enfants vont rentrer comment de l'école ?

   ⇨ ....

7. La lettre est arrivée quand ?

   ⇨ ....

8. Tes vacances se sont passées comment ?

   ⇨ ....

Exercice 4

*Trouvez les mots interrogatifs (avec **qui, où, quand**, etc.) correspondant aux réponses :*

◆ Exemples : *À **qui** est-ce que tu as parlé ?*

   – À Marcel Lejeune.

   Vous travaillez ici **depuis combien de temps** ?

   – Depuis deux ans.

1. – Le train de Nantes va arriver .... ?
   – Dans cinq minutes.

2. – Tu vas aller dans les Alpes .... ?
   – Avec Josiane et Christophe.

3. – .... est-ce que vous habitez à Lyon ?
   – Depuis 1995.

4. – .... appartient la voiture devant l'école ?
   – À la maman d'Antoine, je crois.

5. – Il faut faire cet exercice .... ?
   – Pour vendredi prochain.

6. – .... est-ce que vous venez ?
   – Du Mexique.

7. – Le voleur vous a frappé .... ?
   – Avec sa lampe électrique.

8. – Tu as acheté ces fleurs .... ?
   – Ah, ah ! pas pour toi, ma chérie ! pour Aglaé !

9. – Ma carte de séjour sera prête .... ?
   – Dans quatre ou cinq mois.

10.– Alors, vous avez parlé .... ?
   – De son travail, surtout.

• • • • • • • • • • • • • •

Imprimé en France par l'imprimerie Hérissey à Évreux en mars 2007
Dépôt légal : mars 2007 - N° éditeur : 04586/09 - N° imprimeur : 104282